CONTES SOUFIS

Collection « Soufisme vivant »

APPRENDRE À APPRENDRE
Idries Shah

RENCONTRES EN CHEMIN
Omar Michael Burke

LE MOI DOMINANT
Idries Shah

APPRENDRE À CONNAÎTRE
Idries Shah

Édition originale anglaise :
WISDOM OF THE IDIOTS

ISBN : 2-7029-0450-5

IDRIES SHAH

CONTES SOUFIS

Traduit de l'anglais
par Jean Néaumet

Le Courrier du Livre
21, rue de Seine - 75006 Paris

DU MÊME AUTEUR

Éditions Le Courrier du Livre
Les Exploits de l'incomparable Mulla Nasrudin
Les Plaisanteries de l'incroyable Mulla Nasrudin
Les Subtilités de l'inimitable Mulla Nasrudin
Apprendre à apprendre
Contes derviches
Le Moi Dominant
Apprendre à connaître

Éditions du Rocher
Sages d'Orient
Caravane de rêves
Contes initiatiques des soufis
Le Monastère magique

Éditions Albin Michel
Chercheur de vérité

Éditions Stock
Kara Kush

Éditions Payot
La Magie orientale

RENCONTRES ET ENTRETIENS AVEC IDRIES SHAH

Éditions Le Courrier du Livre
L'Éléphant dans le noir, L. Lewin (dir. publ.)
Rencontres en chemin, Omar Michael Burke

Éditions Flammarion
Voyages avec un maître soufi, Bashir Dervish

Note de l'éditeur

Cette nouvelle édition, entièrement révisée, est conforme à la nouvelle édition anglaise. La première édition en langue française avait été publiée en 1984 sous le titre *Sagesse des Idiots*.

Sagesse des idiots

Ce que les penseurs superficiels imaginent être de la sagesse, les soufis n'y voient souvent que sottise et folie. Par contraste, ils se désignent quelquefois par le terme « idiots ».

Par un heureux hasard, le mot arabe *wali*, qui signifie « saint », a la même valeur numérique que le mot *balid*, qui signifie « idiot ».

Nous sommes donc doublement fondés à voir dans les grands soufis nos grands idiots.

Ce livre renferme une part de leur connaissance.

Les Fruits du Paradis

Il était une fois une femme qui avait entendu parler des Fruits du Paradis.

Elle les convoitait.

Elle demanda à un derviche (nous l'appellerons Sabar) :

« Que dois-je faire pour trouver ces fruits, et atteindre avec eux à la connaissance immédiate ?

— Le mieux que tu puisses faire, dit le derviche, c'est d'étudier auprès de moi. Sinon, il te faudra courir le monde, résolument, et, parfois, dans l'inquiétude et la fièvre. »

Elle le quitta et partit à la recherche d'Arif le Connaissant ; puis elle trouva Hakim le Sage, et Majzoub le Fou, et Alim le Savant, et bien d'autres encore…

Elle chercha pendant trente ans.

Un jour enfin elle entra dans un jardin, et vit l'Arbre du Paradis : ses branches portaient des fruits éclatants.

Il y avait un homme près de l'Arbre. Elle reconnut Sabar, le premier derviche.

« Pourquoi ne m'as-tu pas dit, quand je t'ai rencontré, que *tu* étais le Gardien des Fruits du Paradis ?

— Tu ne m'aurais pas cru alors. D'autre part, l'Arbre ne donne des fruits qu'une fois tous les trente ans et trente jours. »

Hautains et généreux

Les soufis, à la différence de nombreux mystiques et détenteurs présumés de connaissances spéciales, passent pour être hautains. Cette réputation de hauteur vient, selon eux, de ce que les gens se méprennent sur leur comportement. « Celui qui sait faire du feu autrement qu'en frottant deux bâtons l'un contre l'autre, et ne s'en cache pas, peut sembler hautain à celui qui ne sait pas faire. »

Leur extrême générosité n'est pas moins légendaire. Ils exercent la générosité, disent-ils, dans les choses qui importent vraiment. Ils sont généreux avec la sagesse : leur libéralité dans le domaine matériel n'est qu'un reflet de cette générosité première.

Ceux qui désirent étudier la voie soufie pratiquent souvent la générosité avec les biens. Ils espèrent ainsi atteindre une forme supérieure de générosité.

Quoi qu'il en soit, voici l'histoire des trois hommes les plus généreux d'Arabie.

Un jour une controverse éclata parmi les Arabes sur la question de savoir qui était l'homme le plus généreux d'Arabie. Les débats se prolongèrent durant des jours. On décida finalement, d'un commun accord, de ne retenir que trois noms.

Chacun de ces trois hommes avait ses partisans déclarés. Comme ceux-ci menaçaient d'en venir aux mains, une commission fut formée, à charge pour elle de prononcer.

Ses membres convinrent d'envoyer aux trois élus, en guise d'épreuve éliminatoire, le message suivant :

Ton ami Wais est dans le besoin. Il te supplie de lui apporter une aide matérielle.

Trois émissaires furent dépêchés auprès de ces trois hommes.

Le premier envoyé, lorsqu'il fut arrivé chez le premier homme généreux, lui dit ce que la commission l'avait chargé de dire.

« Ne m'importune pas pour si peu ! répondit l'homme généreux. Prends tout ce que tu veux dans cette maison, et donne-le à mon ami Wais. »

Quand l'envoyé fut de retour, et qu'il eut rapporté ces propos aux membres de la commission, ceux-ci en conclurent qu'il ne pouvait y avoir générosité plus grande, et qu'on ne saurait être plus hautain.

Quant au deuxième messager, il s'attira cette réplique du serviteur du deuxième homme généreux :

« Mon maître est extrêmement hautain. Je ne peux le déranger pour ça. Aussi vais-je te donner tout ce qu'il possède, ainsi qu'une hypothèque sur ses biens immobiliers. »

Quand ils eurent pris connaissance de la réponse du serviteur, les membres de la commission se dirent que son maître était à coup sûr l'homme le plus généreux d'Arabie.

Pourtant, ils ne savaient pas encore quel serait le résultat de la mission du troisième messager.

Lorsque celui-ci fut parvenu à destination et qu'il eut transmis le message, le troisième homme généreux lui dit :

« Eh bien, rassemble mes objets et effets personnels, et porte au prêteur sur gages cette missive qui lui enjoint de liquider tous mes biens. Puis reviens ici et attends un moment : quelqu'un viendra te trouver de ma part. »

Sur quoi, l'homme généreux se retira.

Quand le messager en eut terminé, il revint chez l'homme généreux. Un agent du marché était sur le pas de la porte. Il dit au messager :

« Si tu es celui qui a transmis le message de Wais à son ami, je dois te remettre le montant de la vente d'un esclave qui vient de trouver preneur au marché aux esclaves. »

L'esclave n'était autre que le troisième homme généreux.

On rapporte que, quelques mois plus tard, Wais, qui avait été l'un des membres de la commission chargée de rendre le jugement, séjourna chez un proche parent et reconnut dans l'esclave attaché à son service son ami — le troisième homme généreux.

« Il ne faut pas pousser trop loin la plaisanterie ! dit Wais. Le moment n'est-il pas venu de ta libération ?

— Ce qui est une plaisanterie pour les uns n'en est pas toujours une pour les autres, répondit le troisième homme généreux, qui était un soufi.

« Je me suis arrangé avec mon maître, conformément à la loi, pour mettre au point les détails de ma libération. Ce n'est qu'une question de temps : je devrais pouvoir recouvrer la liberté dans deux ou trois ans. »

Le coffret de joyaux

On raconte qu'un jour une femme alla porter chez un joaillier un coffret de joyaux de toutes tailles. Au moment de franchir le seuil de son échoppe, elle trébucha et laissa choir la boîte.

Le couvercle se détacha, les joyaux s'éparpillèrent sur le sol.

Les assistants du joaillier se précipitèrent dans la rue pour empêcher les passants de mettre la main dessus. Ils aidèrent la femme à ramasser les pierres.

Une autruche vagabonde survint en courant et avala la plus grosse et la plus belle des pierres. Personne ne la vit faire, si grand était l'émoi.

Quand la femme constata la disparition du joyau, elle se lamenta, mais elle eut beau chercher partout, elle ne put le retrouver.

Quelqu'un dit alors :

« La seule personne qui aurait pu prendre cette pierre, c'est ce derviche, qui se tient coi près de la boutique… »

Le derviche avait vu l'autruche avaler la pierre, mais il ne voulait pas que le sang fût répandu. Aussi, lorsqu'on vint se saisir de lui, et même lorsque les coups se mirent à pleuvoir, dit-il simplement :

« Je n'ai rien pris du tout. »

Tandis que les gens le molestaient, l'un de ses compagnons s'approcha et avertit la foule :

« Prenez garde à ce que vous faites ! »

Ils l'empoignèrent à son tour et, malgré ses dénégations, l'accusèrent d'avoir volé la pierre au premier derviche.

Sur ces entrefaites, survint un homme doué de connaissance.

Remarquant la présence de l'autruche, il demanda :

« Cet oiseau était-il là au moment où le coffret est tombé ?

— Oui, répondirent les gens.

— En ce cas, c'est à lui que vous devriez vous intéresser. »

Le propriétaire obtint en dédommagement une somme d'argent équivalente à la valeur de l'autruche, qui fut mise à mort. Dans son estomac on découvrit le joyau manquant.

Ahrar et le couple fortuné

Emirudin Arosi, issu d'une famille connue pour son adhésion aux croyances d'une secte, vint trouver un sage et lui dit :

« Cela fait de nombreuses années que nous nous efforçons, ma femme et moi, de suivre la voie derviche. Ayant reconnu que nous en savions moins que la plupart, nous nous sommes contentés pendant longtemps de puiser dans notre fortune pour la cause de la vérité. Nous avons suivi des gens qui se sont arrogé le droit d'enseigner, et dont nous doutons désormais. Ce qui nous fait mal au cœur, ce n'est pas tant l'argent évanoui, gaspillé par nos anciens mentors, au nom de la Tâche, dans des entreprises commerciales sans lendemain, que le temps perdu et les efforts inutiles ; c'est de voir tous ces gens encore assujettis à des maîtres égarés qui ont pris sur eux de guider les autres, ces gens qui mènent une existence anormale et stupide dans une maison tenue par deux faux soufis. »

Le sage, auquel la tradition donne le nom de Khwaja Ahrar, le Seigneur des Affranchis, répondit :

« Vous vous êtes repentis de votre attachement à des "maîtres" imitateurs, mais vous ne vous êtes pas encore repentis de votre amour-propre, qui vous fait imaginer que vous avez une responsabilité envers les prisonniers du faux. Nombre d'entre eux sont encore pris dans la toile de la tromperie, car ils ne se sont pas repentis de la tromperie et veulent des connaissances faciles.

— Que faire alors ? demanda Emirudin Arosi.

— Venir à moi le cœur ouvert et sans conditions, même si ces conditions sont "nous voulons servir l'humanité", ou "nous attendons, de ta part, un comportement raisonnable". La libération de vos compagnons, si tant est qu'elle soit possible, est l'affaire des spécialistes, sûrement pas la vôtre. Votre aptitude à vous former même une opinion à mon sujet est détériorée. Pour ma part, je refuse d'en tenir compte. »

Mais, bien sûr, Arosi et sa femme, craignant de se tromper une fois encore, passèrent leur chemin et cherchèrent quelqu'un d'autre — un maître rassurant. Et ils trouvèrent ce qu'ils cherchaient. Et cet homme se révéla être une fois de plus un imposteur.

Les années passèrent comme elles avaient passé. Jusqu'au jour où le couple décida de retourner voir le khwaja.

« Nous sommes venus, dirent-ils au portier, dans un esprit de totale soumission nous mettre entre les mains du Seigneur des Affranchis comme des cadavres aux mains de l'embaumeur.

— Braves gens, dit le portier, votre résolution semble excellente, et très proche de celle que manifestaient ceux que le Seigneur des Affranchis acceptait d'ordinaire comme disciples.

« Mais il n'y a pas de seconde chance pour vous dans cette vie : Khwaja Ahrar est mort. »

Bahaudin et le vagabond

Bahaudin El-Shah, grand maître des derviches naqshbandis, rencontra un jour un confrère, un kalandar errant, sur la grand-place de Boukhara.

C'était un des *malamatis*, « les gens du Blâme ».

Bahaudin se trouvait avec certains de ses disciples.

« D'où viens-tu ? demanda-t-il au voyageur, selon l'expression soufie consacrée.

— Je n'en ai aucune idée », fit l'autre avec un grand sourire idiot.

Certains des disciples de Bahaudin, jugeant l'attitude du vagabond peu respectueuse, firent entendre un murmure de désapprobation.

« Où vas-tu ? insista Bahaudin.

— Je ne sais pas ! » cria le derviche.

Les passants commencèrent à se rassembler.

« Qu'est-ce que le bien ?

— Je ne sais pas.

— Qu'est-ce que le mal ?

— Je n'en ai pas la moindre idée.

— Sais-tu ce qui est juste ?

— Tout ce qui est bon pour moi.

— Sais-tu ce qui est injuste ?

— Tout ce qui est mauvais pour moi. »

La foule, exaspérée par ces manières, chassa le derviche, qui s'éloigna à grands pas, l'air résolu, dans une direction qui ne menait manifestement nulle part.

« Imbéciles ! dit Bahaudin Naqshband. Ce derviche joue le rôle de l'homme. Pendant que vous étiez là à le couvrir de votre mépris, il vous faisait, de propos délibéré, une démonstration de l'inconscience et de l'inattention dont vous faites preuve chaque jour de votre vie. »

Manger et écrire

Il était une fois — ceci est une histoire vraie — un élève qui avait coutume d'aller chaque jour suivre l'enseignement d'un maître soufi. Il prenait en note ce que disait le khwaja.

Ses études occupaient pleinement son temps, au point qu'il était incapable de subvenir à ses besoins.

Un soir, au moment du repas, sa femme plaça devant lui un bol recouvert d'une serviette.

Il prit la serviette, la noua autour de son cou, vit que le bol était empli de plumes et de papier.

« Puisque c'est là ce que tu fais toute la journée, dit la femme, essaye donc de le manger. »

Le lendemain matin, l'élève alla comme d'habitude apprendre auprès de son maître.

Les paroles de sa femme l'avaient peiné, mais il fit comme il avait coutume de faire ; et il n'alla pas en ville chercher du travail.

Cela faisait quelques minutes qu'il écrivait lorsqu'il remarqua que sa plume ne marchait pas bien.

« Ne t'inquiète pas ! dit le maître. Dans ce recoin, là-bas, tu trouveras une boîte. Prends-la et pose-la devant toi. »

L'élève alla prendre la boîte, revint s'asseoir à sa place et souleva le couvercle.

La boîte était pleine de nourriture.

Le regard tout-puissant

Un derviche qui avait étudié auprès d'un grand maître soufi reçut l'ordre de parfaire sa connaissance de l'exercice de sensation-de-soi, puis de revenir poursuivre avec lui son apprentissage. Il se retira dans une forêt, et se consacra à la pratique de la méditation intérieure avec une énergie et une application telles que désormais rien ou presque ne parvenait à distraire son attention.

Il ne s'était pas, toutefois, assez concentré sur la nécessité de garder tous ses objectifs également présents dans son cœur. Son ardeur à réussir son exercice se révéla plus forte que sa décision de revenir à l'école d'où il avait été envoyé pour méditer.

Un jour, alors qu'il se concentrait sur son moi intérieur, un léger bruit attira son attention. Contrarié, il leva les yeux, scruta les branches de l'arbre d'où semblait venir le bruit, et vit un oiseau. L'idée lui vint que cet oiseau n'avait pas le droit d'interrompre les exercices d'un homme aussi zélé que lui. Aussitôt, l'intrus tomba mort à ses pieds.

Or ce derviche n'était pas suffisamment avancé sur la voie qui mène à l'état de soufi pour comprendre qu'il y a des épreuves tout le long du chemin. Tout ce qu'il pouvait voir à ce moment-là, c'est qu'il avait acquis un pouvoir tel qu'il n'en avait jamais eu. Il pouvait tuer un être vivant par la seule force de sa pensée. À moins que cet oiseau n'ait été frappé par une force extérieure à lui-même, et cela uniquement parce qu'il avait interrompu ses dévotions…

« Sûr que je suis un grand soufi ! » se dit l'ermite.

Il se leva et prit le chemin de la ville la plus proche.

Il arriva près d'une demeure élégante, décida de s'y arrêter pour demander à manger. Il frappa, une femme lui ouvrit.

« Femme, dit-il, donne-moi à manger, car je suis un derviche avancé, et il y a grand mérite à nourrir ceux qui suivent le Chemin.

— Dès que je le pourrai, vénérable sage », répondit la dame en tournant les talons.

Les minutes passèrent... Elle ne revenait pas. Le derviche commença à trouver le temps long, et finit par perdre patience. Quand enfin la dame reparut, il lui lança :

« Estime-toi heureuse que je ne dirige pas contre toi la colère du derviche ! Es-tu la seule à ignorer que le malheur peut frapper ceux qui désobéissent aux Élus ?

— Le malheur peut frapper, en effet, à moins que l'on soit capable d'y résister grâce à certaines expériences.

— Comment oses-tu me répondre sur ce ton ! hurla le derviche. Et que veux-tu dire au juste ?…

— Je veux dire seulement ceci : je ne suis pas un oiseau dans la forêt. »

Le derviche en fut abasourdi.

« Ma colère ne t'atteint pas, et tu peux lire dans

mes pensées ! » bredouilla-t-il.

Il la supplia de l'accepter comme élève.

« Tu as désobéi à ton premier maître, tu manqueras pareillement à tes engagements envers moi, dit la femme.

— Alors, dis-moi au moins comment tu as atteint un niveau de compréhension qui dépasse à ce point le mien, implora le derviche.

— En obéissant à mon maître. Je participais aux entretiens et aux exercices quand il m'invitait à y participer. Le reste du temps, je devais considérer mes tâches quotidiennes comme mes exercices. Ainsi, bien que je sois restée sans nouvelles de lui pendant des années, ma vie intérieure n'a cessé de se développer, et ces pouvoirs que tu as constatés, et bien d'autres encore, m'ont été donnés. »

Le derviche retourna à la tekkia de son maître pour y recevoir de nouvelles instructions. Le soufi, refusant de l'écouter, lui dit simplement :

« Va te mettre au service de l'éboueur untel qui nettoie les rues de telle ville. »

Le derviche tenait son maître en si haute estime qu'il se rendit dans la ville que celui-ci avait indiquée. Sitôt arrivé, il se mit en quête de l'éboueur. Mais quand il le vit, tout couvert de saleté, il eut un mouvement de recul. Il ne pouvait accepter l'idée d'être le serviteur de cet homme.

Le derviche se tenait là, ne sachant que faire, lorsqu'il s'entendit appeler par son nom :

« Lajaward, quel oiseau veux-tu tuer aujourd'hui ? Lajaward, quelle femme pourra lire aujourd'hui tes pensées ? Lajaward, quelle tâche révoltante ton maître t'imposera-t-il demain ? »

Lajaward demanda à l'éboueur :

« Comment peux-tu voir en moi ? Comment un ramasseur d'ordures peut-il faire ce que de pieux ermites ne peuvent pas faire ? Qui es-tu ?

— Certains pieux ermites le peuvent, dit l'éboueur, mais ils ne le font pas pour toi : ils ont autre chose à faire. À tes yeux, j'ai l'air d'un éboueur parce que tel est mon métier. Tu n'aimes pas le travail, alors tu n'aimes pas l'homme. Parce que tu imagines que la sainteté est dans les ablutions, les génuflexions et les méditations, jamais tu ne la trouveras. J'ai acquis mes aptitudes présentes parce que je n'ai jamais pensé à la sainteté : c'est à la tâche, au service que je pensais. Ceux qui t'enseignent le service du maître ou du sacré, ce qu'ils t'enseignent en fait, idiot ! c'est le *service*. Mais pour toi, c'est le "service de l'homme", ou le "service du temple". Parce que tu ne peux pas porter toute ton attention sur le service, tu es pour ainsi dire perdu. »

Lajaward, quand il fut capable d'oublier qu'il était le serviteur d'un éboueur, et comprit qu'être serviteur, c'est servir, devint celui que l'on appelle l'Illuminé, le Faiseur de miracles, le Sheikh au parfum subtil, Abdurrazaq Lajawardi du Badakhshan.

Rien d'autre que ce qu'il a gagné

L'expérience et la connaissance supérieures seront mises à la portée d'un homme dans l'exacte mesure de sa valeur et de son aptitude. Et dans l'exacte mesure où il les aura gagnées.

Si un âne voit un melon, il en mange l'écorce ; les fourmis mangent tout ce qu'elles peuvent trouver ; l'homme consomme sans savoir qu'il a consommé.

Notre objectif est d'atteindre, par la compréhension de l'Origine, la connaissance qui vient par l'expérience.

Comme pour un voyage, cela ne peut se faire qu'avec ceux qui connaissent déjà la Voie.

La justice de cet état est la plus juste de toutes les justices : si cette connaissance ne peut être refusée à celui qui la mérite, elle ne peut être donnée à celui qui ne la mérite pas.

C'est la seule substance qui possède un pouvoir de discrimination, une justice inhérente.

(Yusuf Hamadani)

Le beurre et le babeurre

Laki Humayun posa cette question à Maulana Bahaudin :

« Dans la ville de Gulafshan, il y a un groupe d'affiliés : certains en sont au stade des exercices, mais la plupart se réunissent chaque semaine pour tirer la leçon des activités et des enseignements quotidiens du *murshid*, du guide.

« Nombreux sont les *murids*, les disciples, qui saisissent la signification des contes et des événements, et rectifient en conséquence leur comportement extérieur et intérieur.

« Beaucoup d'affiliés extérieurs ne semblent pas tirer profit des événements et des activités, et préfèrent chercher des livres et des enseignements qui leur donnent des assurances précises de progrès.

« Les disciples souffrent de voir les affiliés ordinaires incapables de saisir le sens des histoires et des événements, d'autant que ces derniers sont pour la plupart leurs amis intimes et que tout le monde souhaite que s'opère une unification entre disciples et affiliés, même extérieurs.

« Pourquoi en est-il ainsi ? »

Bahaudin répondit :

« L'état de disciple a été institué afin de rassembler ceux qui peuvent apprendre sans poursuivre des objectifs grossiers. Les disciples qui s'affligent de ce que leurs camarades n'apprennent pas de la même manière et au même rythme qu'eux, s'affligent parce qu'ils ont imaginé que l'affection engendre l'aptitude. L'affection se donne et s'échange. L'aptitude se gagne.

« Les groupes qui se sont constitués au hasard dans l'orbite d'un enseignement devront toujours subir un tri, comparable à l'écrémage du lait, sous l'influence d'un facteur de remuement qui peut être manifeste ou caché mais n'en est pas moins actif chaque fois qu'une phase nouvelle de l'enseignement commence à opérer. C'est ainsi que l'on secoue le récipient contenant le lait. Les gens imaginent que ce "remuement" (*jumbish*) aura sur eux tous le même effet. En fait, le beurre et le lait écrémé ont chacun leurs fonctions, mais elles s'exercent dans des domaines différents. »

Le talisman

On raconte qu'un fakir qui voulait apprendre sans effort fut exclu, après un certain temps, du groupe de Shah Gwath Shattar.

Quand Shattar le renvoya, le fakir lui dit :

« Tu as la réputation de pouvoir enseigner toute sagesse en un clin d'œil, et tu voudrais que je passe beaucoup de temps avec toi !

— Tu n'as pas encore appris à apprendre à apprendre, dit le soufi. Tu auras l'occasion de t'en rendre compte. »

Le fakir feignit de s'en aller. Chaque soir il se glissait dans la tekkia pour épier le sheikh. C'est ainsi qu'une nuit il vit Shah Gwath sortir une pierre précieuse d'un coffret en métal gravé. Le sheikh tint le joyau au-dessus de la tête de ses disciples. Il leur dit :

« Ceci est le dépositaire de ma connaissance. Cette pierre n'est autre que le Talisman de l'Illumination. »

« Voilà le secret de son pouvoir ! » pensa le fakir.

Dans les dernières heures de la nuit, il pénétra de nouveau dans la salle de méditation et vola le talisman.

Mais il eut beau faire, le joyau dans ses mains ne voulut dispenser ni pouvoir ni secrets.

Le fakir était amèrement déçu.

Il endossa l'habit de maître, enrôla des disciples et essaya maintes et maintes fois de leur donner l'illumination et de l'atteindre lui-même au moyen du talisman. Sans résultat.

Un soir, alors qu'il était seul dans son sanctuaire et méditait sur ses problèmes, ses disciples étant allés dormir, Shattar lui apparut.

« Ô fakir ! dit Shah Gwath, on peut toujours voler un instrument, mais on ne sait pas toujours s'en servir. On peut même voler la connaissance, et se montrer incapable d'en tirer parti. Tu es comme ce voleur qui avait dérobé le rasoir du barbier, fabriqué grâce au savoir du forgeur, mais qui n'entendait rien à l'art de raser. Il se fit barbier pourtant, et mourut dans la misère : ne réussit à faire la barbe à personne, à quelques-uns coupa la gorge.

— Mais j'ai le talisman, et toi tu ne l'as plus ! rétorqua le fakir.

— *Tu* as le talisman, mais *je* suis Shattar, dit le soufi. Je peux, avec mon savoir-faire, en fabriquer un autre. Toi, avec le talisman, tu ne peux devenir Shattar.

— Alors, pourquoi es-tu venu ? Pour me torturer ? cria le fakir.

— Je suis venu te dire ceci : si tu n'avais pas été borné au point d'imaginer qu'il suffit de posséder un objet pour être transformé par lui, tu aurais été prêt à apprendre à apprendre. »

Le fakir pensa que le soufi ne cherchait qu'à récupérer la pierre, et, parce qu'il n'était pas prêt à apprendre à apprendre, il s'obstina à poursuivre ses expériences avec le talisman.

Ses disciples perpétuèrent ses expériences, et les disciples de ses disciples, et les disciples des disciples de ses disciples. L'ensemble des rituels auxquels ont abouti leurs incessantes tentatives constitue aujourd'hui le fond de leur religion. Ces observances sont si sanctifiées par le temps que personne n'irait imaginer qu'elles tirent leur origine des circonstances que l'on vient de relater.

Les vénérables praticiens de cette religion sont entourés de tant de vénération et passent pour si infaillibles que ces croyances ne s'éteindront jamais.

Débats académiques

On rapporte que quelqu'un demanda à Bahaudin Naqshband :

« Pourquoi ne discutes-tu pas avec les professeurs ? Le sage untel participe régulièrement à des débats, il confond les érudits et suscite à chaque fois l'admiration de ses disciples. »

Bahaudin répondit :

« Va demander à ceux qui se souviennent du temps où j'avais coutume de disputer avec les professeurs. Je réfutais régulièrement, sans me donner beaucoup de mal, leurs hypothèses et leurs prétendues preuves. Ceux qui ont assisté à ces joutes te le diront. Mais, un jour, un homme qui était plus sage que moi me dit :

« "Tu humilies si souvent, et de façon si prévisible, les parleurs professionnels, que cela devient monotone à la longue ! D'autant plus que, tout compte fait, tu te dépenses en pure perte, puisque ces universitaires sont dénués de compréhension et continuent de disputer longtemps après que leurs positions ont été démolies."

« Il ajouta : "Tes élèves ne cessent de s'émerveiller de tes victoires. Ils ont appris à t'admirer. Il eût mieux valu qu'ils perçoivent la relative absence de qualités et d'importance de tes opposants. Dans la victoire, tu as échoué, disons, pour un quart. Et ils passent beaucoup de temps à s'émerveiller, un temps qu'ils pourraient consacrer à apprécier quelque chose d'intéressant. Ainsi as-tu échoué, semble-t-il, pour un autre quart. Deux quarts, cela fait un demi. Tu as laissé passer la moitié d'une occasion."

« C'était il y a vingt ans. C'est pourquoi aujourd'hui je ne me dérange pas et je ne dérange pas les autres pour discuter avec les érudits, que ce soit pour gagner ou pour perdre.

« Il est loisible de porter de temps à autre un coup aux soi-disant érudits afin de montrer aux élèves à quel point ils sonnent creux. Comme on tape sur un pot vide. Faire davantage, c'est gaspiller son énergie. Cela équivaut à donner à ces intellectuels, en leur accordant une attention injustifiée, une importance qu'ils ne pourraient acquérir par eux-mêmes. »

L'histoire de Hiravi

Au temps du roi Mahmoud le Conquérant, vivait en Asie centrale un jeune homme du nom de Haidar Ali Jan. Son père, Iskandar Khan, décidé à obtenir pour son fils la protection royale, l'envoya étudier les matières spirituelles auprès des plus grands sages de l'époque.

Quand Haidar eut maîtrisé les répétitions et les exercices, et appris les récitations et les postures corporelles des écoles soufies, son père le conduisit à la cour.

« Puissant Mahmoud ! dit Iskandar, ce jeune homme, l'aîné et le plus intelligent de mes fils, a reçu une formation spéciale auprès des maîtres soufis, afin de pouvoir un jour obtenir un poste éminent à la cour du Protecteur des sciences. »

Mahmoud ne leva pas les yeux.

« Ramène-le dans un an », dit-il seulement.

Un peu déçu, mais nourrissant de grandes espérances, Iskandar envoya Ali à Bagdad étudier les livres des grands soufis du passé et visiter les tombeaux des anciens maîtres, afin que cette année d'attente ne soit pas perdue.

Lorsqu'il revint avec lui à Ghazna, il dit au roi :

« Paon de l'Époque ! Mon fils a accompli de longs et périlleux voyages. En même temps, il a acquis une parfaite connaissance des œuvres maîtresses des Gens de la Voie. Fais-lui subir un examen, je te prie, et l'on verra s'il peut être un fleuron de ta cour.

— Qu'il revienne dans un an », dit Mahmoud.

Au cours des douze mois qui suivirent, Haidar Ali franchit l'Oxus, visita Boukhara et Samarcande, Qasr-i-Arifin et Tachkent, Douchanbé et les turbehs des saints soufis du Turkestan.

L'année écoulée, il revint au palais. Mahmoud de Ghazna le regarda et dit :

« Il peut, s'il le désire, revenir dans un an. »

Cette année-là, Haidar Ali fit le pèlerinage de La Mecque, parcourut l'Inde et séjourna en Perse, où il consulta des livres rares. Et jamais il ne manquait d'aller présenter ses respects aux grands derviches de l'époque.

Quand il fut de retour à Ghazna, Mahmoud lui dit :

« Maintenant, choisis un maître, si tu en trouves un qui veuille bien de toi, et reviens me voir dans un an. »

Quand le temps fut venu de partir pour Ghazna, Iskandar Khan vint chercher son fils à Hérat. Mais la cour n'intéressait plus Haidar : il voulait suivre l'enseignement de son maître, il ne voulait rien d'autre, et son père eut beau dire, il n'en démordit point.

« J'ai gaspillé mon temps, mon argent ! se lamentait Iskandar. Le roi Mahmoud a mis Haidar à l'épreuve, et Haidar a échoué ! »

Le père renonça définitivement à son projet.

Vint le jour où le jeune homme aurait dû se présenter à la cour. Quand il fut écoulé, Mahmoud dit à ses courtisans :

« Préparez-vous à partir pour Hérat : je dois rendre

visite à quelqu'un dans cette ville. »

Au moment où le cortège impérial, au son des trompettes, entrait dans Hérat, le maître prit Haidar par la main et le conduisit à la porte de la tekkia. Maître et élève attendirent.

Mahmoud arriva bientôt, accompagné de son fidèle Ayaz. Après avoir enlevé leurs chaussures, ils se présentèrent au sanctuaire.

« Mahmoud, dit le sheikh, voici l'homme qui n'était rien tant qu'il rendait visite aux rois, mais qui est maintenant celui qui reçoit la visite des rois. Prends-le comme conseiller soufi : il est prêt. »

Voilà l'histoire des études de Hiravi, Haidar Ali Jan, le sage de Hérat.

La leçon de Miri

L'illustre sage soufi Baba Saifdar avait un élève du nom de Miri. Celui-ci se plaignait que son maître ne lui ait pratiquement pas adressé la parole après l'avoir admis parmi ses disciples.

« J'étais mieux loti avant qu'il m'accepte comme élève, avait-il coutume de dire : alors, au moins me traitait-il en ami, et je pouvais jouir de sa compagnie. »

Baba Saifdar connaissait l'état intérieur de son élève, mais, lors de leurs rares rencontres, jamais il n'y fit allusion. Il préférait attendre qu'un événement vienne éclairer la nature et le sens de la relation.

Un jour, Miri fut appelé à déposer en tant que témoin. Le tribunal siégeait à ciel ouvert. Baba Saifdar vint à passer au moment où le juge demandait à Miri :

« Te rappelles-tu de façon certaine avoir vu l'accusé sur le lieu du vol ? »

Miri, apercevant son maître et se souvenant à sa vue de l'exercice du « rappel » que celui-ci lui avait enseigné, oublia tout le reste et dit sans le vouloir : « Je me rappelle ! »

Le voleur présumé fut aussitôt déclaré coupable sur la base de cette déposition de témoin oculaire. Il était innocent. Quand Miri rétracta son identification, on l'accusa de faux témoignage, et il échappa de peu au jugement.

Il fut finalement relaxé. Le baba lui dit alors :

« C'est un équivalent, dans le domaine des choses de ce monde, de ce qui peut arriver sur un plan plus profond. Il est aussi déraisonnable de se plaindre de ses maîtres que de chanter leurs louanges. Il est tout aussi déraisonnable de ne pas tenir compte des règles qu'ils imposent. Ce qui leur est visible est invisible à l'élève.

— Tout ce que je souhaite, dit Miri, c'est que mon expérience serve à d'autres et qu'ainsi, au lieu de devoir en passer par là, ils soient à même d'accéder au stade supérieur. »

C'est pourquoi cette histoire s'appelle « La leçon de Miri ».

L'idole du roi fou

Il était une fois un roi violent, ignorant et idolâtre. Il fit un jour un serment : si son idole particulière l'exauçait, il ferait arrêter les trois premières personnes qui viendraient à passer près du palais et les contraindrait à se vouer au culte des statues.

Son souhait fut bel et bien exaucé. Le roi envoya des hommes d'armes sur la grand-route avec l'ordre de capturer les trois premières personnes qu'ils pourraient y trouver.

Vinrent à passer un savant, un sayed * et une prostituée. Les gardes les arrêtèrent et les conduisirent au palais.

Sur un signe du roi fou, ils les jetèrent aux pieds de l'idole. Le roi parla aux prisonniers du vœu qu'il avait fait et leur ordonna de s'incliner devant la statue.

« Cette situation, dit le savant, est indubitablement un cas de force majeure. Des précédents nombreux autorisent quiconque s'y voit contraint à paraître se conformer à la coutume, sans que cela entraîne pour lui une culpabilité juridique ou morale quelconque. »

Après avoir ainsi parlé, il se prosterna longuement

---

* descendant du Prophète Mohammed

devant l'idole.

Le sayed expliqua, pour sa part :

« En tant qu'individu jouissant d'une protection particulière, puisque dans mes veines coule le sang de notre saint Prophète, tous mes actes, quels qu'ils soient, sont purificateurs. Rien ne s'oppose donc à ce que je satisfasse aux exigences de cet homme. »

Il s'inclina devant l'idole.

« Hélas ! dit la prostituée, je n'ai ni instruction, ni prérogatives spéciales. Alors, je regrette, faites de moi ce que vous voulez, mais je ne pourrai pas rendre un culte à cette idole, ni même faire semblant. »

Cette remarque eut pour effet de chasser instantanément le mal dont souffrait le roi fou.

Il vit, comme par magie, l'imposture des deux hommes.

Il les fit décapiter, et libéra la prostituée.

Deux côtés

La coutume des robes derviches bicolores, reprise aux fins d'enseignement et adoptée ultérieurement par les imitateurs dans un souci purement décoratif, fut introduite en Espagne, au Moyen Âge, dans les circonstances suivantes.

Un roi chrétien, qui avait le goût de l'apparat et se piquait de philosophie, demanda un jour à un soufi connu sous le nom de « l'Agarin » de lui enseigner la Haute Sagesse.

L'Agarin lui dit :

« Nous vous proposons l'observation et la réflexion. Il vous faut avant toute chose apprendre à développer l'une et l'autre.

— Nous savons déjà comment développer notre attention, dit le roi, car nous avons étudié les préliminaires de la sagesse en puisant dans notre tradition.

— Très bien, dit l'Agarin, nous donnerons demain à Votre Majesté, lors d'une cérémonie, une démonstration de notre enseignement. »

Tout fut arrangé en temps voulu, et, le lendemain,

les derviches du *ribat* * de l'Agarin défilèrent dans les ruelles de la ville andalouse.

Le roi et les membres de la cour s'étaient massés de part et d'autre du parcours : à droite se tenaient les grands d'Espagne, à gauche les hommes d'armes.

Quand le cortège fut passé, l'Agarin se tourna vers le souverain :

« Votre Majesté, demandez, je vous prie, aux chevaliers qui nous font face quelle était la couleur des robes portées par les derviches. »

Les chevaliers jurèrent sur l'honneur et les saintes écritures que les robes étaient bleues.

Le roi et ceux qui se tenaient à ses côtés furent stupéfaits et déconcertés, car ce n'était pas du tout ce qu'ils avaient vu, eux.

« Nous avons tous vu, clairement, que ces gens étaient revêtus d'habits de couleur *brune*, dit le roi, et il y a parmi nous des hommes de grande sainteté en religion, très respectés. »

Il dit à ses chevaliers de se préparer au châtiment et à la dégradation.

Ceux qui avaient vu que les robes étaient brunes allèrent chercher leur récompense.

Alors, le roi se tourna vers l'Agarin :

« Quel charme as-tu exercé, homme malfaisant ? Quelle diablerie a pu pousser les chevaliers les plus honorables de la chrétienté à défier la vérité, à renoncer à l'espérance du salut et à manifester une telle incapacité à juger des choses les plus simples qu'on ne peut guère compter sur eux dans la bataille ?

— La moitié de chacune de ces robes, visible de votre côté, était brune, dit le soufi. L'autre moitié était

---

* centre d'enseignement

bleue. Faute de préparation, à cause aussi de vos attentes, de votre impatience, vous vous trompez sur nous. Comment pourrions-nous, dans ces conditions, vous enseigner quoi que ce soit ? »

Bienvenue

Nous faisons bon accueil aux érudits qui désirent comprendre le Chemin.

Et les autres ? Ils pensent que nous ne les accueillons pas. En réalité, ce sont eux qui ne nous accueillent pas.

Comment le pourraient-ils tant qu'ils demeurent attachés à d'aussi étranges conceptions de la Voie ?

Il y a ceux qui disent : « Nous nions la valeur du soufisme », et ceux qui disent : « Nous acceptons le soufisme, mais cela n'est pas le soufisme. »

L'attitude des premiers, qui rejettent les soufis, est encore préférable à celle des seconds, qui décident que tel ou tel ne peut être un soufi, pour la seule raison qu'ils ne l'aiment pas.

Les érudits du premier groupe s'en sont laissé accroire par autrui quant à la fonction des soufis. Or n'importe qui peut être induit en erreur par n'importe qui.

Ceux du second groupe se sont abusés eux-mêmes en imaginant quelque chose qui n'est pas conforme à la vérité.

Il n'est pas au pouvoir des érudits de décider qui

est un soufi et qui ne l'est pas. Ceux qui tentent de faire ce dont ils sont incapables devraient toujours être une leçon pour nous.

Ajmal Hussein et les savants

Sufi Ajmal Hussein était constamment en butte aux critiques des savants, qui redoutaient que sa réputation ne surpassât la leur. Ils s'évertuaient à contester ses connaissances, l'accusaient de chercher refuge, face à leurs critiques, dans le mysticisme, allaient jusqu'à insinuer qu'il s'était rendu coupable de pratiques peu honorables.

Il finit par dire :

« Si je réponds à mes détracteurs, ils profitent de l'occasion pour porter contre moi de nouvelles accusations auxquelles les gens ajoutent foi parce que cela les amuse de croire ce genre de choses. Si je ne leur réponds pas, ils chantent victoire et se rengorgent, et les gens les prennent pour de vrais savants. Ils imaginent que nous, soufis, sommes opposés au savoir. Ce n'est pas vrai. Mais notre existence même constitue une menace pour le prétendu savoir des petits érudits tapageurs. Le savoir a disparu depuis longtemps. Le savoir de ces savants-là est faux savoir. »

Les savants crièrent encore plus fort.

« La discussion n'est pas aussi efficace que la démonstration, dit Ajmal. Je vais vous donner un aperçu de leur vraie nature. »

Il les invita à lui envoyer leurs questions, afin qu'ils puissent soumettre à examen ses connaissances et ses idées. Une cinquantaine de professeurs et d'universitaires de toutes tendances lui adressèrent des questionnaires. Ajmal leur fit à tous des réponses différentes. Quand ses juges se réunirent en congrès pour examiner les réponses qu'ils avaient reçues, ils se trouvèrent confrontés à tant de versions de ce que pensait Ajmal que chacun crut l'avoir démasqué, et refusa de renoncer à sa thèse en faveur d'aucune autre. Et c'est ainsi qu'éclata la fameuse « querelle des érudits ». Cinq jours durant, les congressistes s'affrontèrent âprement.

« Voilà la démonstration, dit Ajmal. Ce qui importe avant tout à chacun de ces professeurs, c'est son opinion personnelle, son interprétation originale. La vérité ne les intéresse pas. Tous les enseignements subissent avec eux le même sort : tant que le maître est vivant, ils le harcèlent ; quand il est mort, ils deviennent les spécialistes de son œuvre. Toute cette activité n'a cependant qu'un mobile : il s'agit pour chacun de l'emporter sur ses rivaux, et pour tous de combattre quiconque n'appartient pas à leurs rangs. Désirez-vous être du nombre ? Dépêchez-vous de choisir. »

Timour et Hafiz

Le poète soufi Hafiz écrivit un jour ce poème :

Si cette jeune Turque de Chiraz
Voulait prendre mon cœur
Je donnerai Boukhara
Ou Samarcande
Pour le grain de beauté sur sa joue.

Tamerlan, le Conquérant, convoqua le poète à la cour :

« Comment peux-tu céder Boukhara et Samarcande contre une femme ? s'emporta-t-il. De plus, ces deux villes sont dans mes territoires. Je ne laisserai personne prétendre le contraire !

— Ton avarice t'a donné du pouvoir, dit Hafiz. Ma générosité me met en ton pouvoir. Indiscutablement, ton avarice est plus efficace que ma prodigalité. »

Tamerlan éclata de rire et laissa partir le soufi.

Repu

Un homme vint voir Bahaudin Naqshband et lui dit :

« J'ai voyagé, je suis allé de maître en maître, j'ai étudié de nombreuses voies. J'en ai reçu de grands bienfaits et retiré maints avantages.

« Je voudrais maintenant me joindre au cercle de tes disciples, que je puisse m'abreuver à la source de la connaissance, et progresser de degré en degré sur la voie mystique, la *tariqa.* »

Bahaudin ne répondit rien. Il demanda qu'on servît le dîner. Lorsqu'on eut apporté le riz et le ragoût, et que son hôte se fut régalé, le maître insista pour qu'il en reprît. Et ainsi à plusieurs reprises. Puis il lui offrit des fruits et des gâteaux, et fit signe qu'on apporte d'autre pilaf, et d'autres mets, et des légumes, et des salades, et des confitures. Le tout en abondance.

L'invité se sentit d'abord flatté, et, voyant que Bahaudin semblait toujours plus ravi à chaque nouvelle bouchée qu'il avalait, mangea autant qu'il put. Quand son appétit commença à faiblir, le sheikh soufi parut très contrarié. Alors, pour ne pas le mécontenter, le malheureux ingurgita presque un deuxième repas.

Quand son invité fut dans un état tel qu'il aurait été bien incapable d'avaler même un grain de riz et que, pris de malaise, il dut s'allonger sur des coussins, Bahaudin dit enfin :

« Quand tu t'es présenté devant moi, tu étais aussi plein d'enseignements non digérés que tu l'es maintenant de viande, de riz, de fruits… Tu te sentais mal à l'aise. Parce que tu ne sais pas ce qu'est le vrai malaise spirituel, tu as pris cette sensation pour celle de la faim, faim de connaissances nouvelles. En réalité, ce dont tu souffrais, c'était d'indigestion.

« Je peux t'instruire si tu es prêt maintenant à suivre mes directives, prêt à rester ici avec moi le temps qu'il faudra pour digérer — au moyen d'activités qui ne te sembleront pas initiatiques mais qui sont l'équivalent de la substance qu'on absorbe pour pouvoir digérer un repas comme celui-là afin qu'il soit transformé en éléments nutritifs plutôt qu'en graisse. »

Le visiteur accepta la proposition du sheikh.

Il raconta son histoire des dizaines d'années plus tard alors qu'on parlait de lui désormais comme du grand maître Sufi Khalil Ashrafzada.

Charkhi et son oncle

On rapporte qu'un jeune disciple de Baba Charkhi se trouvait dans l'entrée de la demeure du maître quand un visiteur se présenta.

« Qui es-tu ? demanda celui-ci.

— Je suis un élève de Baba Charkhi, répondit le disciple.

— Comment Charkhi pourrait-il avoir des élèves ! Je suis son oncle. S'il avait des élèves, je le saurais ! Quant à faire de lui un *baba*, on t'a mal renseigné, mon garçon ! »

L'oncle de Charkhi demeura de nombreuses années, et mourut, dans la maison de son neveu. Toujours il refusa de participer aux « assemblées culturelles » organisées par le baba, jamais il ne voulut croire que Charkhi fût un maître soufi.

« Je le connais depuis qu'il est né, disait-il. Je ne peux pas l'imaginer en train d'enseigner quelque chose : il n'a jamais été capable d'apprendre quoi que ce soit ! »

Des années après la mort de Baba Charkhi, ils étaient nombreux encore ceux qui refusaient de croire qu'ils avaient côtoyé un saint. Et pourtant, parmi ceux-là, quelques-uns lui avaient souvent rendu visite, ou avaient entretenu avec lui des relations d'affaires.

Yunus Abu-Aswad Kamali, le théologien, exprima ce que certains d'entre eux pensaient quand il dit :

« J'ai fréquenté Charkhi pendant trente ans : pas une seule fois il n'a abordé avec moi les grands problèmes, jamais il n'a tenté de m'exposer ses théories, encore moins de faire de moi un disciple. Un homme de savoir ne saurait se comporter ainsi ! C'est par le boucher que j'ai appris qu'il passait pour être soufi. »

Prisonnier à Samarcande

Hakim Iskandar Zaramez et Abdulwahab el Hindi longeaient le mur d'une imposante bâtisse lorsqu'à l'angle de la rue ils entendirent un hurlement.

« On est en train de torturer un pauvre diable », dit El Hindi.

Il s'arrêta et demeura immobile tandis que les cris redoublaient.

« Veux-tu que la souffrance de cet homme soit atténuée ? demanda Zaramez.

— Bien sûr ! En tant que *wali* *, tu peux certainement faire cela, si Dieu y consent…

— Très bien, dit l'hakim. Et je vais te montrer quelque chose. »

Zaramez s'éloigna de cinq pas de l'angle du bâtiment. Les cris cessèrent immédiatement.

« Tu recules de quelques pas, et les cris cessent ! J'ai pourtant toujours entendu dire que c'est la proximité qui apaise la souffrance des affligés », dit El Hindi.

L'hakim sourit mais n'ajouta rien. Il fit simplement le geste qui signifie chez les soufis : « Une question peut rester sans réponse à cause de l'état du questionneur. »

---

* saint

Bien des années plus tard, alors qu'El Hindi se trouvait au Maroc, une nuit, dans la ville sainte de Moulay-Idriss, il entendit un derviche relater ses expériences à un petit groupe de ses condisciples.

Le derviche raconta notamment ce qui suit :

« Je me souviens, c'était le mois de Ramadan el-Mubarak, il y a bien longtemps... J'avais été arrêté pour vagabondage au vu de mon apparente pauvreté et de mon aspect famélique, et jeté, en attendant le jugement, dans une cellule qui occupait un angle de l'enceinte extérieure de la résidence du kazi. C'était dans le faubourg nord de Samarcande.

« Je m'étais accommodé de la situation, et demeurai en contemplation silencieuse entre les quatre murs de pierre nue. Soudain, je perçus clairement, au dehors, pas très loin, la présence d'un saint. Je me mis à crier et à hurler, et à me débattre, parce qu'une force m'enveloppait, et que je ne pouvais m'enfuir de ma cellule alors que je n'avais qu'un désir : être près de lui.

« Puis je ressentis qu'il s'était éloigné, comme si mes cris l'avaient dérangé. Alors, je me détendis complètement, devins aussi tranquille et silencieux que la nuit, pour qu'il puisse de nouveau s'approcher. »

Le sheikh de ce groupe dit au derviche :

« Ton expérience aurait pu t'apprendre ceci : la *baraka,* l'énergie spirituelle, peut avoir un puissant effet sur des gens qui ne sont pas eux-mêmes "spirituels" : ils ne peuvent exercer la *baraka,* mais ils sont touchés par la *baraka* . Voilà ce que t'enseignait le wali, même si tu étais en prison, même s'il pouvait sembler faire quelque chose d'entièrement différent, voire ne rien faire du tout. »

Abdulwahab el Hindi nous a laissé ce commentaire :

« Cet événement a marqué pour moi le début d'une compréhension réelle concernant un aspect des "expériences spirituelles". J'ai compris qu'il n'est pas extraordinaire que les gens aient des "expériences spirituelles". Ce qui est extraordinaire, c'est que si peu en aient. Et ce qui est encore plus extraordinaire, c'est qu'au lieu d'en apprendre quelque chose, ils vénèrent l'expérience et la prennent pour ce qu'elle n'est pas. »

Le livre

Un postulant vint voir Bahaudin.

C'était le soir, après dîner. Le maître était dans le jardin, entouré de trente de ses élèves.

« Je désire te servir, dit le nouveau venu.

— La meilleure manière de me servir, dit Bahaudin, c'est de lire mes *Risalat* *.

— Je les ai déjà lues.

— Si tu les avais lues en réalité et non en apparence, tu ne m'aurais pas abordé de cette façon. »

Bahaudin poursuivit :

« Pourquoi penses-tu être capable d'apprendre ?

— Je suis prêt à étudier avec toi. »

Le maître dit alors :

« Que le plus jeune des disciples se lève ! »

Le murid Anwari, qui avait tout juste seize ans, se leva :

« Depuis combien de temps es-tu avec nous ? lui demanda El-Shah.

— Trois semaines, ô murshid !

— Est-ce que je t'ai enseigné quelque chose ?

---

* *Lettres*

— Je ne sais pas.

— Mais le crois-tu ?

— Non, je ne le crois pas. »

Bahaudin lui dit :

« Dans le sac de cet homme, tu trouveras un livre de poèmes. Prends ce livre, garde-le à la main et récite-le de la première à la dernière ligne, sans te tromper, et sans même l'ouvrir. »

Anwari trouva le livre dans le sac. Il ne l'ouvrit pas, mais il dit :

« Je crains qu'il ne soit écrit en langue turque. »

Bahaudin lui dit :

« Récite-le ! »

Anwari obéit. Plus le jeune homme approchait de la fin, plus le nouveau venu était affecté par le prodige : un livre écrit en langue turque lu sans avoir été ouvert par quelqu'un qui ne connaissait pas le turc !

Tombant aux pieds de Bahaudin, il l'implora de l'admettre dans le Cercle.

Bahaudin lui dit :

« C'est ce genre de phénomène qui t'attire. Tant qu'il en sera ainsi, tu ne pourras en tirer réel profit. C'est pourquoi je dis : même si tu as lu mes *Risalat*, en réalité tu ne les as pas lues.

« Reviens me voir quand tu les auras lues comme ce garçon imberbe les a lues. C'est l'étude des *Risalat*, et rien d'autre, qui lui a donné le pouvoir de réciter le contenu d'un livre qu'il n'avait pas ouvert, et l'a retenu, en même temps, de se prosterner, émerveillé devant le phénomène. »

Mendiants et ouvriers

On rapporte que des gens dirent à Ibn el-Arabi :

« Ton groupe comprend surtout des mendiants, des cultivateurs, des artisans. Ne peux-tu trouver des esprits éclairés, dont la présence à tes côtés pourrait inciter les personnes autorisées à s'intéresser à tes enseignements ? »

Ibn el-Arabi répondit :

« Le Jour de la Calamité sera infiniment plus proche quand les hommes influents et les savants chanteront mes louanges, car il est certain qu'ils le feront dans leur propre intérêt et non dans l'intérêt de notre travail ! »

Le savoir qui ne transforme pas

Le nawab Mohammed Khan, Jan-Fishan, se promenait un jour dans Delhi lorsqu'il vit un attroupement : on semblait se disputer.

Il interrogea un spectateur :

« Que se passe-t-il ?

— Altesse, un de tes disciples désapprouve le comportement des gens de ce quartier. »

Jan-Fishan entra dans la foule.

« Explique-toi, dit-il à son élève.

— Ces gens se sont montrés hostiles », répondit celui-ci.

Les autres de s'écrier :

« Ce n'est pas vrai ! Nous lui faisions honneur, au contraire, par égard pour toi.

— Qu'ont-ils dit ? demanda le nawab au disciple.

— Ils m'ont dit : "Nous te saluons, grand savant !" J'étais en train de leur dire que l'ignorance des savants est souvent cause de désordre et de désespoir.

— C'est vrai, dit Jan-Fishan Khan, la vanité des savants est bien souvent responsable de la misère de l'homme. Et c'est *ta* vanité, la vanité de vouloir être autre chose qu'un savant, qui est cause de ce tumulte.

Ne pas être un savant, ce qui implique être détaché de l'insignifiant, est un accomplissement. Les savants sont rarement sages. Leur savoir ne les a pas transformés, ils ont la tête bourrée d'opinions et d'idées empruntées.

« Ces gens voulaient t'honorer. S'il en est pour penser que la boue est de l'or, et si c'est leur boue, respecte-la. Tu n'es pas leur maître.

« Ne vois-tu pas qu'en te conduisant de façon aussi ombrageuse, en te montrant aussi inflexible, tu te comportes précisément comme un savant et mérites que l'on te donne ce nom, même si c'est un épithète ?

« Prends garde, mon enfant. Trop de faux pas sur le Chemin de la réalisation suprême — et tu pourrais bien devenir un savant ! »

Diagnostic

Quand ils apprirent que Bahaudin Naqshband passait sur la grand-route toute proche, les habitants d'Aloucha envoyèrent une délégation lui présenter leurs respects et le supplier de demeurer quelque temps parmi eux.

« Désirez-vous satisfaire votre curiosité à mon égard, m'offrir l'hospitalité et me faire honneur, ou m'inviter à vous transmettre mes enseignements ? » demanda Bahaudin.

Celui qui conduisait la délégation consulta ses compagnons et répondit :

« Nous avons beaucoup entendu parler de toi. Tu ne sais rien de nous. Puisque, apparemment, en indiquant ces trois possibilités, tu nous accordes le rare privilège de recevoir ton enseignement, c'est avec reconnaissance que nous acceptons la proposition. »

Bahaudin entra dans la ville.

Toute la population se rassembla sur la grand-place. Les maîtres spirituels de la localité le menèrent à l'estrade réservée aux autorités. Dès que le maulana se fut assis, le chef des philosophes d'Aloucha s'adressa à lui en ces termes :

« Sublime Présence, Grand Maître ! Nous avons tous entendu parler de toi... Qui n'a pas entendu parler de toi ! Mais puisque tu ne sais sûrement rien de nos idées à nous, gens de peu d'importance, permets-moi de t'en donner un aperçu. Ainsi seras-tu en mesure de les approuver, de les rectifier ou de les réfuter pour notre plus grand et plus sûr profit… »

Bahaudin l'interrompit :

« Oui, je veux bien vous dire ce que vous pouvez faire, mais il est inutile que vous me disiez quoi que ce soit sur vous. »

Il décrivit alors leurs façons de penser ainsi que leurs défauts particuliers et la manière précise dont ils envisageaient différents problèmes touchant la vie et l'être humain.

Les habitants d'Aloucha étaient stupéfaits.

Bahaudin leur dit :

« Avant que je vous indique comment porter remède à cette situation, peut-être voudrez-vous exprimer les sentiments que vous contenez dans vos cœurs, afin que je puisse m'expliquer pour votre instruction, et qu'ainsi vous prêtiez davantage attention à ce que je vais dire. »

Le porte-parole, après s'être entretenu avec ses concitoyens, se tourna vers Bahaudin :

« Ô ancien et guide ! Ce qui provoque notre étonnement et notre curiosité, c'est que tu saches tant de choses sur nous et nos problèmes et nos spéculations. Avons-nous raison d'en conclure qu'une connaissance de cet ordre suppose l'existence d'une forme supérieure de perception directe, à l'œuvre chez de rares individus ? »

Pour toute réponse, Bahaudin demanda qu'on apporte un pot, un pichet d'eau, du sel, de la farine.

Il versa le sel, la farine et l'eau dans le pot, puis se tourna vers le porte-parole :

« Veux-tu me dire, je te prie, ce qu'il y a dans ce pot ?

— Maître, il contient un mélange de farine, d'eau et de sel.

— Comment connais-tu la composition du mélange ?

— Quand on connaît les ingrédients, dit le porte-parole, on ne peut hésiter sur la nature du mélange.

— C'est la réponse à ta question, je n'ai rien à y ajouter », dit Bahaudin Naqshband.

Le kashkoul

On rapporte qu'un derviche aborda un jour le roi dans la rue.

« Comment oses-tu, manant, interrompre la marche de ton roi ! s'écria celui-ci.

— Toi ! Roi ? répliqua le derviche. Tu ne peux même pas remplir le bol d'un mendiant ! »

Il tendit son *kashkoul.* Le souverain ordonna qu'on le remplisse de pièces d'or.

Dès que le bol fut plein à ras bord, les pièces s'évanouirent. Le bol semblait de nouveau vide.

On apporta sac d'or après sac d'or. Le kashkoul continua d'engloutir les pièces à la stupéfaction de tous.

« Arrêtez ! cria le roi, ce filou est en train de vider le Trésor royal !

— Pour toi, dit le derviche, je vide le Trésor ; pour d'autres, je ne fais qu'illustrer une vérité.

— Quelle vérité ?

— La vérité, la voici : le bol, ce sont les désirs de l'homme. L'or, c'est ce qui lui est donné. Sans fin l'homme peut dévorer sans être changé d'aucune façon. Regarde ! Le bol a englouti presque toute ta fortune, mais c'est toujours un coco de mer sculpté, qui ne participe en rien de la nature de l'or.

« Si le cœur t'en dit, tu peux y entrer à ton tour. Il te dévorera toi aussi. Comment, dans ces conditions, un roi peut-il s'imaginer avoir quelque importance ? »

Une vache

Il était une fois une vache qui n'avait pas sa pareille au monde pour fournir jour après jour d'aussi bon lait.

On venait de partout admirer cette merveille. Et tous de chanter ses louanges. Les pères en parlaient à leurs enfants comme d'un exemple de dévouement à la tâche assignée. Les prêtres adjuraient les fidèles de l'imiter à leur façon. Les fonctionnaires la tenaient pour un modèle dont la société humaine pouvait s'inspirer dans bien des domaines. Bref, chacun était invité à tirer avantage de l'existence de cet animal extraordinaire.

Il présentait cependant une particularité qui avait échappé à la plupart des gens, occupés qu'ils étaient à s'extasier sur ses évidentes qualités. Cette vache avait, figurez-vous, une petite habitude : aussitôt qu'elle avait rempli un seau de son lait incomparable, elle le renversait d'un coup de sabot bien appliqué.

Individualité et qualité

Yaqoub, le fils du juge, rapporte qu'il demanda un jour à Bahaudin Naqshband :

« Quand j'étais en compagnie du Murshid de Tabriz, il faisait régulièrement un geste qui signifiait qu'on ne devait pas lui parler, parce qu'il était engagé dans une forme particulière de réflexion.

« Toi, à l'inverse, nous pouvons t'approcher à tous moments.

« Ai-je raison d'en conclure que cette différence tient à ce que tu possèdes un plus grand pouvoir de détachement, et que ce pouvoir, chez toi, n'est pas fugace, mais dominé ?

— Non, dit Bahaudin. Tu es toujours à comparer les gens et les états. Tu passes ton temps à chercher des preuves et des différences, ou bien tu veux à tout prix trouver des ressemblances. Il n'est pas besoin de beaucoup d'explications concernant des choses qui sont en dehors de ce système de mesure. La diversité de comportement que l'on peut observer chez les sages tient à une différence d'individualité, non de qualité. »

Le Chant de la Vallée du Paradis

Ahangar, grand forgeur d'épées, vivait dans une des vallées isolées de l'est de l'Afghanistan. En temps de paix, il façonnait des charrues d'acier, il ferrait les chevaux, et surtout, il chantait.

Les chansons d'Ahangar, connu sous des noms différents dans les diverses régions d'Asie centrale, étaient écoutées avidement par les gens des vallées. On venait des forêts de noyers géants, de l'Hindou Koush enneigé, du Qataghan et du Badakhshan, de Khanabad et du Kounar, de Hérat et de Paghman, pour l'entendre chanter.

Mais l'on venait surtout entendre Ahangar chanter le chant des chants, *le Chant de la Vallée du Paradis.*

La mélodie était obsédante, le rythme étrange, et, par-dessus tout, le chant disait une histoire si prenante que les gens avaient l'impression de connaître la vallée perdue, la Vallée du Paradis que le forgeron chantait. Ils lui demandaient souvent d'entonner le chant de la vallée, mais s'il n'était pas d'humeur à chanter, il refusait. Parfois, ils voulaient savoir si la Vallée était vraiment réelle, alors il disait :

« La Vallée du Chant est on ne peut plus réelle.

— Comment le sais-tu ? insistaient-ils. Y es-tu jamais allé ?

— Pas de façon ordinaire. »

Mais pour le forgeur d'épées, et presque tous ceux qui l'écoutaient chanter, la Vallée du Chant était bien réelle, aussi réelle que le réel peut l'être.

Aïsha, une jeune fille de son village dont il était épris, doutait de la réalité de la Vallée du Paradis. Hassan, fanfaron mais bretteur redoutable, qui avait juré d'épouser Aïsha et ne manquait pas une occasion de se moquer du forgeron, en doutait lui aussi.

Un jour, alors que les villageois demeuraient en silence autour d'Ahangar après qu'il leur eut chanté le chant de la vallée, Hassan l'interpella :

« Si tu crois que cette vallée est si réelle que ça et qu'elle se trouve, comme tu nous l'as dit, là-haut, dans les monts de Sangan, d'où l'on voit s'élever une brume bleutée, pourquoi ne tentes-tu pas d'y pénétrer ?

— Ce ne serait pas juste, je le sais, répondit Ahangar.

— Tu sais ce que tu veux bien savoir, et tu ne sais pas ce que tu ne veux pas savoir ! cria Hassan. Alors ! mon ami, je propose une épreuve. Tu aimes Aïsha. Mais elle n'a pas confiance en toi. Elle n'y croit pas à ton absurde vallée. Jamais tu ne pourras l'épouser : quand l'homme et la femme ne se font pas confiance, ils ne sont pas heureux ensemble, et toutes sortes de malheurs en découlent…

— Tu penses que je devrais y aller ? demanda Ahangar.

— Oui », dit Hassan.

Et toute l'assistance lui fit écho.

« Si je vais là-haut, et si j'en reviens sain et sauf, dit

Ahangar, Aïsha consentira-t-elle à m'épouser ?

— Oui », fit Aïsha dans un murmure.

C'est ainsi qu'Ahangar, n'emportant avec lui que quelques mûres séchées et un morceau de pain, prit le chemin des montagnes lointaines.

Il escalada les roches, s'éleva sur les versants à pic, arriva enfin au pied d'une muraille qui ceignait la chaîne entière. Il gravit la paroi abrupte et se trouva devant une autre muraille, plus escarpée encore que la première. Puis il dut gravir une troisième, une quatrième et une cinquième murailles.

Quand il fut descendu de l'autre côté, Ahangar se trouva dans une vallée. Elle ressemblait de façon saisissante à sa vallée natale.

Les gens sortirent lui souhaiter la bienvenue. Lorsqu'il les vit, Ahangar eut l'impression que quelque chose de très étrange se passait.

Des mois plus tard, Ahangar le Forgeron, traînant le pas comme un vieillard, entra dans son village et gagna lentement sa masure. La nouvelle de son retour se répandit dans le voisinage. Les gens se rassemblèrent devant sa porte pour entendre le récit de ses aventures.

Hassan, le bretteur, parlant en leur nom à tous, lui cria de venir à la fenêtre.

Quand les villageois virent combien il avait vieilli, ils en eurent le souffle coupé.

« Eh bien, Maître Ahangar, as-tu trouvé la Vallée du Paradis ?

— Je l'ai trouvée.

— À quoi ressemble-t-elle ? »

Ahangar, cherchant ses mots, considéra cette foule

rassemblée avec un sentiment de lassitude et de désespoir qu'il n'avait encore jamais éprouvé... Il finit par dire :

« Je n'ai cessé de monter... Alors qu'il semblait impossible que des hommes puissent subsister dans une région aussi désolée, et après bien des épreuves et des déconvenues, j'ai découvert, par hasard, une vallée, une vallée habitée.

« Cette vallée est semblable en tous points à celle où nous vivons.

« Puis j'ai vu les habitants de la vallée... Non seulement ce sont des gens comme nous autres, mais ce sont *les mêmes gens*. Pour chaque Hassan, chaque Aïsha, chaque Ahangar, pour chacun d'entre nous ici, il y en a un autre, le même exactement, dans la Vallée du Paradis.

« Ils ont la même apparence que nous, ils sont à notre image : c'est ainsi que nous les voyons. En réalité, c'est nous qui avons leur apparence et sommes leur reflet : nous, qui vivons ici, sommes leurs jumeaux… »

Les villageois pensèrent qu'Ahangar était devenu fou à force de privations. Aïsha épousa Hassan, le bretteur. Ahangar vieillit rapidement et s'éteignit. Et tous — tous ceux qui avaient entendu l'histoire de la bouche d'Ahangar — n'eurent plus le cœur à vivre : ils crurent n'avoir aucune prise sur le cours de leurs vies, n'avoir plus rien à espérer ; ils se désintéressèrent de la vie, vieillirent et moururent.

Ce secret ne se révèle à l'homme qu'une fois tous les mille ans. Lorsqu'il le découvre, il est transformé. S'il énonce le fait brutal à d'autres, ceux-ci dépérissent et s'éteignent.

Les gens pensent que cet événement est une catastrophe. C'est pourquoi il ne faut pas qu'ils sachent, puisqu'ils ne peuvent comprendre — leur vie ordinaire étant ce qu'elle est — qu'ils ont plus d'un *moi*, plus d'un espoir, plus d'une chance, là-haut, dans le Paradis du Chant d'Ahangar, le grand forgeur d'épées.

Le Trésor des Gardiens

Un prince de l'illustre maison de Abbas, lignée de l'oncle du Prophète, vivait humblement à Mossoul, en Irak. Sa famille avait eu des revers de fortune, et connu le sort commun, la vie de labeur qui est le lot des hommes. Après trois générations, la maison s'était quelque peu relevée. Le prince avait ouvert un petit commerce.

Comme le veut la coutume chez les Arabes de sang noble, ce prince, qui portait le nom de Daoud el Abbassi, se faisait appeler simplement Daoud, fils d'Altaf. Il passait ses journées sur la place du marché, vendant des fèves et des herbes, et rêvant de rétablir la fortune de la maison.

Cela faisait des années déjà qu'il vendait en plein vent quand il tomba amoureux de Zobeida, fille d'un riche marchand. Zobeida Ibnat Tawil était plus que disposée à l'épouser, mais la tradition voulait dans sa famille que tout futur gendre offrît le pendant d'un joyau rare spécialement choisi par le père pour éprouver son ingéniosité et évaluer sa fortune.

Après les pourparlers préliminaires, Tawil montra à Daoud le rubis scintillant dont celui-ci devrait trouver le pendant pour obtenir la main de la jeune fille. Le jeune marchand en eut le cœur serré : non seulement cette pierre était de la plus belle eau, mais d'une taille et d'une couleur telles que les mines du Badakhshan n'en pouvaient donner de pareille qu'une fois tous les mille ans…

Daoud imagina toutes sortes d'expédients pour se procurer l'argent nécessaire ne serait-ce qu'à la recherche. Un jour, enfin, il rencontra un joaillier qui lui dit :

« Tu n'as pas le choix : envoie des crieurs publics annoncer partout que tu offres à celui qui te présentera un rubis similaire non seulement ta maison et tes biens, mais les trois-quarts de tout ce que tu gagneras tout au long de ta vie. Peut-être réussiras-tu ainsi à trouver ce que tu cherches. »

Daoud suivit le conseil du joaillier. Jour après jour, la nouvelle se répandit qu'un certain Daoud recherchait un rubis d'une valeur, d'un éclat et d'une couleur extraordinaires, et l'on vint de toutes parts proposer au marchand des pierres magnifiques.

Près de trois années s'écoulèrent ainsi… Rubis d'Arabistan ou d'Ajam, du Khorassan ou de l'Inde, d'Afrique ou d'Occident, de Java ou de Ceylan : aucun n'approchait de la perfection de la pierre unique découverte par Tawil, son futur beau-père.

Zobeida et Daoud étaient au bord du désespoir. Puisque le père de la jeune fille refusait catégoriquement d'accepter autre chose qu'une réplique parfaite de son rubis, se marieraient-ils jamais ?

Un soir, alors que Daoud était assis dans son jardin, réfléchissant pour la millième fois à ce qu'il pourrait encore entreprendre pour obtenir la main de Zobeida, il perçut une présence à ses côtés : un homme de grande taille, le visage émacié, la tête couverte d'un bonnet derviche ; il tenait un bâton à la main, portait à la ceinture un bol de mendiant en métal.

Daoud se leva, prononça le salut rituel :

« Paix sur toi, ô mon roi !

— Daoud l'Abbasside, rejeton de la maison de Koreish ! dit l'inconnu, je suis un des gardiens des trésors de l'Apôtre. Je te viens en aide dans ton malheur extrême. Tu cherches le pareil d'un rubis sans pareil : je te le donnerai, en puisant dans les trésors de ton patrimoine confiés en dépôt à des gardiens dénués de tout ! »

Daoud considéra le derviche bien en face :

« Il y a des siècles que toutes les richesses possédées par notre maison ont été dilapidées, vendues, pillées. Il ne nous reste rien, hormis notre nom, et encore ! nous ne le portons même pas, de peur de le déshonorer. Comment pourrait-il subsister quoi que ce soit du trésor des Abbassides !

— Le trésor est toujours là, parce qu'il n'a pas été laissé intégralement à la disposition des Gens de la maison, dit le derviche. Les voleurs s'intéressent d'abord à ceux qui ont visiblement quelque chose à voler. Si les biens ont disparu, alors ils ne savent où chercher. C'est la première mesure de sécurité qu'ont prise les Gardiens. »

Daoud, se rappelant que beaucoup de derviches ont une réputation d'excentriques, répliqua :

« Qui aurait l'idée de confier des richesses inestimables, un joyau comme celui de Tawil, aux mains d'un mendiant vêtu de haillons ? Et quel est le loqueteux, à supposer qu'on lui confie pareil objet, qui ne finirait par le perdre, ou le vendre, et dépenser le produit de la vente dans un accès de folie ?

— Mon fils, répondit le derviche, c'est précisément ce que nous voulons que les gens pensent. Parce que le mendiant est vêtu de haillons, ils se figurent qu'il désire des vêtements ; s'ils apprennent qu'un homme possède un joyau, ils s'imaginent qu'à la différence du marchand économe il va s'en défaire et gaspiller l'argent. S'il y a encore un trésor, c'est parce que toi et tes semblables pensez comme cela.

— Eh bien, conduis-moi au trésor, dit Daoud, que je puisse mettre un terme aux doutes et aux craintes intolérables ! »

Le derviche banda les yeux du jeune homme et le fit chevaucher, habillé comme le sont les aveugles, jour et nuit, sur un âne rétif, par des sentiers de montagne.

Enfin ils mirent pied à terre. Daoud s'engagea derrière son guide dans un étroit tunnel.

Quand le derviche enleva le bandeau, le prince vit scintiller des pierres précieuses innombrables, d'une incroyable diversité, entassées sur des planches fixées à des murs de pierre disposés en rangs serrés.

« Est-il possible que ce soit le trésor de mes ancêtres ? Jamais, au grand jamais, je n'ai entendu parler d'aussi fabuleuses richesses, même à l'époque d'Haroun-el-Rashid !

— Oui, c'est le trésor de tes pères, dit le derviche. Qui plus est, la caverne où nous sommes contient seulement les joyaux parmi lesquels tu peux choisir. Il y a bien davantage ailleurs…

— Et c'est à moi ?

— C'est à toi.

— Alors, je prendrai tout, décida Daoud, qui à la vue de ces merveilles succombait presque à la cupidité.

— Tu ne prendras que ce que tu es venu ici chercher, dit le derviche. Tu es aussi peu apte que tes ancêtres à gérer ces richesses. S'il en allait autrement, les Gardiens auraient restitué la totalité du trésor il y a des siècles. »

Parmi les rubis, un seul était identique à celui de Tawil. Daoud le prit, et le derviche le ramena chez lui de la même façon qu'il l'avait conduit à la caverne.

Daoud et Zobeida furent mariés.

C'est ainsi, dit-on, que les trésors de la maison sont remis à leurs vrais héritiers quand ils en ont réel besoin. Aujourd'hui, les Gardiens ne se présentent pas toujours sous l'apparence de derviches vêtus de robes rapiécées. Parfois, ils ne se distinguent extérieurement en rien des plus ordinaires d'entre les hommes.

Ils ne livrent les trésors qu'en réponse à un besoin réel.

L'attachement que l'on prend pour une grâce

Un chercheur de vérité studieux et zélé se présenta à la tekkia de Bahaudin Naqshband.

Selon la coutume, il assista aux entretiens et ne posa aucune question.

Quand enfin Bahaudin lui dit : « Demande-moi ce que tu veux », le nouveau venu dit au maître :

« Shah, avant de venir ici, j'ai étudié telle philosophie avec untel. Attiré par ta réputation, j'ai voyagé jusqu'à cette tekkia.

« Je t'ai écouté, j'ai été impressionné par ce que tu dis, je désire poursuivre mes études avec toi.

« En même temps, j'éprouve pour mon ancien maître une profonde gratitude, je reste profondément attaché à sa personne et à son enseignement. Je voudrais donc que tu m'expliques quelle est la relation entre cet homme, son enseignement et ton travail, ou alors que tu me les fasses oublier, afin que je puisse poursuivre avec toi sans être partagé. »

Bahaudin répondit :

« Je ne peux ni t'expliquer, ni te faire oublier. Ce que je *peux* faire, c'est te donner une information. La voici : un des signes les plus évidents de la vanité humaine, c'est de s'attacher à un individu, à une doctrine, et d'imaginer que cet attachement provient d'une source supérieure. Celui qui est obsédé par les sucreries n'hésitera pas à les qualifier de "divines" si on le laisse faire.

« Avec cette information, tu peux apprendre la sagesse. Sinon, tu ne peux apprendre que l'attachement, et le prendre pour une grâce divine. »

Celui qui a besoin d'information (*malumat*)
Imagine toujours avoir besoin de sagesse (*maarifat*).
S'il est déjà, réellement, un homme d'information,
Il verra que, maintenant, il a besoin de sagesse.
S'il est un homme de sagesse, alors, alors seulement,
Il n'est plus soumis à la nécessité de l'information.

Correction

Abdullah ben Yahya montrait à un visiteur un manuscrit de sa main.

« Ce mot, ici, a été incorrectement orthographié ! » remarqua le visiteur.

Abdullah ratura immédiatement le mot incriminé et l'écrivit comme son hôte pensait qu'il devait l'être.

Quand ce dernier eut pris congé, quelqu'un demanda à Abdullah :

« Pourquoi as-tu agi ainsi ? La "correction" était en fait incorrecte, si bien que tu as finalement mal orthographié un mot correctement écrit.

— Tout dépend des circonstances, répondit Abdullah. Ma relation avec cet homme avait un caractère social. Il croyait m'aider et pensait faire preuve de savoir, alors qu'il manifestait son ignorance. J'ai adopté un comportement conforme aux usages et à la politesse, non le comportement de la vérité : quand les gens veulent de la politesse et des contacts sociaux, ils ne peuvent supporter la vérité. Si j'avais eu avec cet homme un rapport de maître à élève, c'eût été différent. Seuls les pédants et les sots imaginent qu'il est de leur devoir d'instruire tout un chacun, alors qu'en règle générale les gens ne cherchent pas à s'instruire mais à attirer l'attention. »

Le saint et le pécheur

Il était une fois un pieux derviche qui se croyait chargé de réprimander ceux qui agissaient mal et de leur imposer des pensées élevées : il voulait les obliger à prendre le droit chemin.

Ce que ce derviche ne savait pas, c'est qu'un maître n'est pas seulement quelqu'un qui dit aux autres de faire ceci et cela en se conduisant selon des principes établis. Le maître doit connaître exactement la situation intérieure de l'élève, sinon il risque d'obtenir des résultats contraires.

Un jour donc, le dévot rencontra un homme qui avait la passion du jeu et ne savait comment s'en guérir.

Il prit position devant la maison du joueur. Chaque fois qu'il le voyait sortir pour se rendre au tripot, il comptabilisait le péché en ajoutant une pierre au tas qu'il avait décidé d'élever pour matérialiser la faute. Chaque fois que le joueur franchissait le seuil de sa demeure, il se sentait coupable. Quand il rentrait chez lui, il voyait sur le tas la pierre accusatrice. Chaque fois qu'il posait une pierre pour enregistrer le nouveau péché, le dévot ressentait de la colère contre le joueur et éprouvait un certain plaisir, qu'il appelait « piété ».

Ce manège se poursuivit pendant vingt ans.

Quand il apercevait le dévot, le joueur se disait :

« Une telle bonté me confond ! Ce saint homme œuvre pour ma rédemption ! Si seulement je pouvais me repentir, puisque je ne puis lui ressembler, lui qui est assuré de se trouver au nombre des élus quand viendra l'heure de la récompense ! »

Il advint qu'à la suite d'une catastrophe naturelle les deux hommes moururent en même temps. Un ange vint prendre l'âme du joueur.

« Viens avec moi en paradis, lui dit-il avec douceur.

— Comment cela ? fit le joueur. Je suis un pécheur : je dois aller en enfer ! Sans doute est-ce le dévot que tu viens chercher, l'homme qui s'est installé devant chez moi et depuis vingt ans s'efforce de m'amender ?

— Le dévot ? fit l'ange. Ma foi non ! Il est conduit aux enfers pour y être rôti à la broche.

— Quelle justice est-ce là ? s'écria le joueur, qui en oubliait sa situation. Ce n'est pas possible ! Tu as dû intervertir tes consignes !

— Il n'en est rien, dit l'ange, comme je vais te l'expliquer : le dévot s'est complu vingt ans durant dans le sentiment de sa supériorité et de son mérite. Il lui faut maintenant rétablir l'équilibre. Ces pierres, ce n'est pas pour toi qu'il les entassait, mais pour lui.

— Peut-être ! Mais pourquoi devrais-je être récompensé ? Qu'est-ce que j'ai gagné ?

— Quand tu croisais le derviche, tu pensais d'abord à la bonté avant de penser au derviche. Ce n'est pas l'homme mais la bonté qui te récompense pour ta fidélité. »

Sheikhs et calottes

Les sheikhs de quatre groupes soufis, établis respectivement en Inde, en Égypte, en Turquie (Roum) et en Perse, entrèrent en contact avec Bahaudin Naqshband : ils lui écrivirent de longues lettres où ils lui demandaient de leur envoyer des enseignements qu'ils pourraient transmettre à leurs disciples.

Bahaudin leur dit d'abord :

« Ce que j'ai n'est pas nouveau. Vous l'avez, mais n'en usez pas correctement. C'est pourquoi, lorsque vous recevrez mes messages, vous direz simplement : "Ce n'est pas nouveau !" »

Les sheikhs envoyèrent cette réponse :

« Sans vouloir te contredire, nous sommes sûrs que nos disciples ne penseront pas ainsi. »

Bahaudin ne répondit pas à ces lettres, mais il les lut lors des réunions, avec ce commentaire :

« Nous qui sommes assez loin, nous pourrons voir ce qui va arriver. Ceux qui sont dedans ne feront pas l'effort de voir ce qui leur arrive. »

Les sheikhs écrivirent de nouveau à Bahaudin, sollicitant de sa part quelque marque d'intérêt. Celui-ci leur envoya, sans un mot d'explication, des *araqia*, sorte de petites calottes, une pour chacun de leurs élèves. Il leur demandait de les distribuer en son nom.

Il dit à son assemblée ce qu'il avait fait, ajoutant :

« Nous qui sommes éloignés, nous verrons ce que les autres, qui sont près des événements, ne verront pas. »

Il écrivit, après un certain temps, à chacun des quatre sheikhs : il leur demandait s'ils s'étaient conformés à ses désirs, et quel en avait été le résultat.

Les sheikhs répondirent :

« Nous nous sommes conformés à tes désirs. »

Quant aux résultats, le sheikh d'Égypte disait ceci :

« Les membres de la communauté ont accepté avec empressement le présent que tu leur as fait. Il est pour eux le signe d'une grâce particulière. Dès que les calottes eurent été distribuées, tous les ont traitées comme des objets de la plus haute importance sur le plan intérieur, portant la marque de ton mandat. »

Le sheikh des Turcs rapportait à l'inverse :

« Les élèves se montrent très soupçonneux à l'égard de ces calottes que tu as envoyées. Pour eux, cela veut dire que tu désires prendre en main la direction de la communauté. Certains craignent que tu les influences à distance au moyen de ces objets. »

Le sheikh du groupe indien faisait part d'un résultat différent :

« Nos disciples, écrivait-il, sont dans une grande confusion. Ils me demandent chaque jour de les éclairer sur ce que signifie la distribution des *araqia*. Tant que je ne leur aurai pas donné d'explication, ils hésiteront sur le parti à prendre. »

Le sheikh de Perse disait dans sa missive :

« Voici quel a été l'effet de la distribution des calottes : les chercheurs, contents de ce qu'ils ont reçu, attendent ta prochaine décision, prêts à faire les efforts qu'il faudra pour l'enseignement et pour eux-mêmes. »

Devant un auditoire de Boukhara, Bahaudin fit ce commentaire :

« Le trait dominant, et superficiel, de chacun de ces groupes s'est manifesté par les réactions de ses membres. Face à un objet aussi insignifiant qu'une calotte, ils ont eu ce comportement. Ils auraient eu exactement le même comportement devant moi en personne, ou devant des enseignements que je leur aurais envoyés. Maîtres ou disciples, ils n'ont pas appris qu'il leur faut identifier en eux les caractéristiques qui les étouffent. Et c'est sur la base de ces caractéristiques dérisoires qu'ils voudraient évaluer autrui !

« Chez les disciples du sheikh persan existe une possibilité de compréhension, car ils n'ont pas l'arrogance de croire "comprendre" que les calottes sont une bénédiction *pour eux*, une menace *pour eux*, une cause de confusion *pour eux*.

« Quant aux trois autres groupes, voici quel est pour chacun le trait dominant : chez les Égyptiens, l'espoir ; chez les Turcs, la peur ; chez les Indiens, l'incertitude. »

Des derviches bien intentionnés mais peu éclairés avaient, dans l'intervalle, transcrit certaines des épîtres de Bauhaudin. Ils les distribuèrent au Caire, en Hindoustan et dans les territoires turcs et persans. Ces documents finirent par tomber entre les mains de ceux qui gravitaient autour des quatre sheikhs dont nous avons parlé.

Bahaudin demanda alors à un kalandar errant de visiter chacune de ces communautés, et de lui faire part de leurs réactions à ses épîtres.

Le kalandar rapporta ce qui suit :

« Ils disent tous : “Il n’y a là rien de nouveau. Nous faisons tout cela déjà. Non seulement le pratiquons-nous, mais c’est là-dessus que repose notre vie quotidienne. Et conformément à notre tradition, jour après jour, nous nous attachons à nous en souvenir.” »

El-Shah Bahaudin Naqshband convoqua tous ses disciples. Il leur dit :

« Vous qui avez du recul par rapport à certains événements liés à ces quatre groupes, vous pouvez voir combien peu la Connaissance a opéré en eux. Les disciples de ces sheikhs ont si peu appris qu’ils ne savent même plus tirer profit de leurs propres expériences. À quoi bon, dans ces conditions, “les rappels et les efforts quotidiens” !

« Prenez à tâche de réunir toutes les informations que vous pourrez sur cet événement, prenez connaissance des faits dans leur intégralité, y compris l’échange de lettres, mes commentaires et le rapport que nous a fait ce kalandar.

« Attestez que nous avons offert les moyens par lesquels d’autres pouvaient apprendre. Que tout cela soit consigné et étudié ! Et que ceux qui ont été présents en portent témoignage, de façon que, s’il plaît à Dieu, la lecture des documents concernant ces faits suffise à éviter que cette situation ne se reproduise. Peut-être en prendront-ils un jour connaissance, ceux qui ont été si fortement affectés par l’“action” d’inoffensives calottes. »

Le secret de la pièce à la porte verrouillée

Ayaz était le joyeux compère et l'esclave du grand conquérant Mahmoud, le Briseur d'idoles, roi de Ghazna. De l'esclave misérable arrivé à la cour, Mahmoud avait fait un conseiller et un ami.

Les courtisans étaient jaloux d'Ayaz et méditaient sa ruine. Ils épiaient ses moindres gestes, prêts à le dénoncer au premier manquement.

Un jour ces courtisans jaloux vinrent dire à Mahmoud :

« Ombre d'Allah sur Terre ! Sache que nous, tes inlassables serviteurs, avons maintenu ton esclave Ayaz sous étroite surveillance. Il nous faut signaler que chaque jour, dès qu'il a quitté la cour, Ayaz s'enferme dans une petite pièce où personne n'a le droit d'entrer. Il y demeure un certain temps, après quoi il regagne ses appartements. Nous craignons que cette habitude ne cache quelque dessein coupable... Qui sait, peut-être fréquente-t-il en secret des comploteurs qui projettent d'attenter à ta vie ! »

Longtemps Mahmoud resta sourd à leurs insinuations. Mais le mystère de la pièce à la porte verrouillée le tourmentait. À la fin il n'y tint plus et décida d'interroger Ayaz.

Au moment où celui-ci sortait de la pièce interdite, le roi se présenta, entouré des courtisans, et exigea d'y pénétrer.

« Non, dit Ayaz.

— Si tu ne me laisses pas entrer dans cette pièce, je n'aurai plus confiance en toi, l'ami loyal et fidèle. Notre relation ne sera plus jamais ce qu'elle a été. Choisis ! » lança le terrible conquérant.

Ayaz pleura.

Puis il ouvrit la porte toute grande et fit entrer Mahmoud et sa suite.

La pièce était vide de tout mobilier. Elle ne contenait rien d'autre qu'un crochet fixé au mur d'où pendaient un manteau rapiécé, un bâton et un bol de mendiant.

Le roi et sa cour ne savaient que penser.

Mahmoud demanda enfin à son ami de s'expliquer.

« Mahmoud, dit Ayaz, depuis des années je suis ton esclave, ton ami, ton conseiller. En même temps je me suis efforcé de ne jamais oublier mes origines.

« C'est pour cela que je suis venu ici chaque jour me rappeler ce que j'ai été.

« Je t'appartiens. Tout ce qui m'appartient, c'est ce manteau en loques, ce bâton, ce bol, et mes errances à la surface de la terre. »

Le miracle du roi derviche

On rapporte que le maître soufi Ibrahim ben Adam était assis dans une clairière lorsqu'il vit venir vers lui deux derviches errants. Il leur fit bon accueil et s'entretint avec eux de questions spirituelles jusqu'au crépuscule.

Quand la nuit fut tombée, Ibrahim convia les deux hommes à dîner. Ceux-ci acceptèrent. Aussitôt, une table couverte des mets les plus fins se matérialisa sous leurs yeux.

« Depuis combien de temps es-tu derviche ? interrogea un des voyageurs.

— Deux ans, répondit Ibrahim.

— Cela fait près de trente ans que je suis la voie soufie, et jamais une telle aptitude ne s'est manifestée à moi. »

Ibrahim ne dit rien.

Ils avaient presque fini de manger quand un inconnu revêtu d'une robe verte entra dans la clairière. L'inconnu vint s'asseoir près d'eux et partagea leur repas.

Ils surent, par un sens intérieur, que cet homme était Khidr, le Guide immortel de tous les soufis. Ils attendirent qu'il leur transmette une part de sa sagesse.

Se levant pour partir, et se tournant vers les derviches errants, Khidr dit simplement :

« Le miracle d'Ibrahim vous remplit d'étonnement.

« Mais qu'avez-vous abandonné pour suivre le chemin derviche ?

« Vous avez renoncé à la sécurité, à tout ce que la vie ordinaire peut apporter.

« Ibrahim ben Adam était un roi puissant. Il a renoncé au trône de Balkh pour se faire soufi.

« C'est pourquoi il est loin devant vous.

« Durant ces trente années, le renoncement vous a procuré certaines satisfactions.

« Elles sont votre salaire.

« Ibrahim, quant à lui, s'est toujours abstenu de demander quoi que ce soit en paiement de son sacrifice. »

L'instant d'après, Khidr n'était plus là.

Ishan Wali

Ishan Wali vint du Turkestan en Syrie, et s'y manifesta soudain. Il s'avéra qu'il maîtrisait une large gamme de techniques (que les gens de l'extérieur appelaient ses « sagesses »), grâce auxquelles il put faire avancer l'étude du soufisme, alors plutôt stagnante.

Il constata que les écoles soufies étaient devenues des organisations soudées par le traditionalisme, et l'attachement à un maître particulier aux dépens de l'enseignement total des soufis. Ces groupements utilisaient des exercices et des idées appropriés à d'autres groupes humains, d'autres temps, d'autres lieux.

La façon dont il aborda ce problème fit une forte impression sur ceux qui avaient décidé de l'aider, bien qu'ignorants de ses méthodes. Mustafa Ali Darazi, Ali-Mohammed Husseini et Tawil Tirmidhi, dont les témoignages ont été conservés, étaient du nombre.

Ishan Wali leur dit :

« Pour l'observateur qui considère ces groupements de l'extérieur, même s'il les voit tels qu'ils sont en réalité — des moulins plutôt que des écoles —, impossible de distinguer ceux avec lesquels on peut entrer en relation de ceux qui ont perdu toute aptitude à apprendre. Je vous ai montré qu'ils sont à présent défectueux : ils n'ont pas les qualités requises pour le Travail. Mais lequel d'entre eux est-il susceptible d'être ravivé ? »

Le wali indiqua du doigt une rangée de palmiers qui souffraient de la chaleur.

« Si l'eau dont nous disposons est limitée, lequel de ces arbres arroserons-nous ? Je vous ai montré qu'ils sont flétris — ce dont vous ne vous rendiez pas compte. Maintenant je vais vous montrer comment déterminer ceux qui peuvent renaître. »

Poursuivant sa démonstration, Ishan Wali rencontra les sheikhs des écoles menant des activités répétitives. La plupart l'accueillirent avec des paroles aimables et se dirent disposés à recevoir son aide pour rétablir les Enseignements.

Il ne leur donna aucune assurance. Il se sépara d'eux, et leur envoya une lettre qui disait à peu près ceci :

« J'ai quelque chose d'extrêmement important à *vous* dire, mais je n'ai absolument rien à dire *par votre intermédiaire*. Cela signifie que vous devez accepter que je m'adresse à vos élèves directement.

« Si vous m'y autorisez, je ferai connaître mes méthodes.

« Dans le cas contraire, je serai finalement en mesure de m'adresser à eux indirectement.

« Mais alors, par votre refus, vous vous serez coupés de moi, et il ne me sera plus possible de m'adresser à *vous*.

« Soit j'ai une responsabilité à l'égard de vous tous, de tous les membres de votre communauté, soit je n'en ai aucune à l'égard de quiconque parmi vous. C'est pourquoi, au début, je ne peux vous utiliser comme canal : je suis en mesure d'entrer en relation avec vous tous directement. Vous avez noué avec votre communauté des liens si étroits qu'il me faut vous considérer comme un membre essentiel de cette communauté. Je ne peux donc vous traiter autrement que les autres. »

Ishan Wali dit à ses assistants :

« Les sheikhs qui sont prêts à se considérer comme des élèves, de la même manière qu'ils considèrent leurs élèves comme des disciples, ce sont ceux-là dont les écoles pourront être revivifiées. »

Certains des sheikhs comprirent et répondirent en conséquence ; d'autres réagirent en manifestant, ouvertement ou secrètement, une profonde méfiance pour la démarche d'Ishan Wali.

Celui-ci se réjouit de la compréhension de ceux qui se considéraient comme ses élèves et n'étant pas différents sous ce rapport du plus petit de leurs disciples, et il eut de la peine pour les plantes flétries.

« Pourquoi pleurer ce qui est déjà mort ? demanda Ali-Mohammed Husseini.

— Ils ne sont pas tous morts, répondit le wali ; c'est leur suspicion à mon égard qui les fait se conduire comme s'ils étaient morts. »

Il n'avait pas plus tôt prononcé ces mots que certains des sheikhs des écoles divisées, comme s'ils avaient perçu ses paroles par une écoute intérieure, changèrent d'attitude et vinrent déposer leur turban à ses pieds.

Majzoub, un des sheikhs qui s'étaient montrés d'abord réticents, déclara par la suite :

« J'ai eu l'impression que quelque chose d'oppressant s'était dissipé ; j'ai su, alors, que c'était *ma* peur et *ma* suspicion. »

Ishan Wali fit ce commentaire :

« Ce sont les prières des sheikhs “desséchés”, plus fortes que leurs peurs et leurs soupçons, qui les ont fait venir à nous : ainsi ont-ils pu recevoir ce que nous leur apportions. Le mérite leur en revient tout entier. Comment pourrions-nous avoir du mérite à faire ce que nous savons faire ? Nous avons par le passé gagné du mérite par la pratique des vertus. Mais, dans le cas présent, c'est en agissant contrairement à leurs tendances naturelles, en allant à l'encontre de leurs natures, recouvertes de rouille, qu'*ils* ont poli le miroir de la compréhension. »

C'est ainsi que les sheikhs méfiants continuèrent de jouer un rôle important dans leurs écoles respectives et s'attirèrent un respect accru de leurs disciples. Ceux qui restaient éloignés d'Ishan Wali constatèrent chez leurs élèves un désarroi grandissant, ou un désir croissant de se joindre au wali. Celui-ci avait cependant écrit à ces sheikhs pour leur dire :

« Je n'accepte pas vos élèves, non par courtoisie à votre égard, mais parce que sans la compréhension de l'organisme tout entier le membre ne peut fonctionner. Si vous avez peur de perdre des disciples à cause de moi, n'ayez donc aucune crainte, car je ne peux les aider. C'est ainsi. Mais je crains que vous vous trouviez finalement dans une situation difficile. »

Les plantes flétries, à l'exception de quelques-unes, ne répondirent pas à cette pluie bienveillante.

Aujourd'hui, il ne reste plus trace sur terre des disciples des sheikhs qui ne voulurent pas connaître les méthodes d'Ishan Wali pendant qu'il résidait en Syrie.

Miracles cachés

Quelqu'un demanda à Fuwad Ashiq, proche disciple de Bahaudin Naqshband :

« Peux-tu me dire pourquoi le maulana cache ses miracles ? Souvent je l'ai vu en tel endroit, alors que d'autres étaient avec lui au même moment en un lieu différent. Ils l'ont affirmé sous serment.

« Lorsqu'il guérit quelqu'un par la prière, il dit parfois : “Il se serait rétabli de toute façon.”

« Ceux qui sollicitent de lui une faveur, ou pour qui il manifeste de l'intérêt, acquièrent de grands avantages dans le monde. Mais il refuse d'admettre que cela soit dû à son influence : il met cela sur le compte des coïncidences, ou laisse entendre que c'est l'œuvre d'autrui. »

Voici quelle fut la réponse de Fuwad Ashiq :

« J'ai moi-même observé bien des fois les faits que tu évoques. À vrai dire, depuis que je suis très souvent avec lui, c'est une affaire d'expérience quotidienne. Le miracle est l'opération d'un “service extraordinaire”. Il n'a pas pour fin de rendre les gens heureux ou malheureux. S'il “impressionne”, cette “impression” va provoquer chez la personne immature crédulité et excitation, au lieu de lui permettre d'apprendre quelque chose. »

L'accès aux groupes soufis

Si vous lisez, si vous pratiquez, vous pouvez remplir les qualités requises pour être admis dans un groupe soufi. Si vous ne faites que lire, cela ne vous donnera pas les compétences nécessaires. Si vous pensez que vous avez eu des expériences sur lesquelles vous pouvez faire fond, il n'est pas sûr que vous soyez prêt.

Les mots seuls ne communiquent pas : quelque chose doit être là, quelque chose doit avoir été préparé, auquel les mots font allusion.

La pratique ne peut à elle seule parfaire la nature humaine. L'homme a besoin du contact de la vérité, au départ sous une forme propre à l'aider.

Ce qui convient parfaitement à un temps et un lieu particuliers est généralement limité, inapproprié, et peut même constituer un obstacle, dans un autre lieu et à une autre époque. Cela est vrai dans la recherche comme en bien des domaines de la vie ordinaire.

Travaillez dans l'espoir de pouvoir être accepté dans un groupe soufi. N'essayez pas de juger le groupe ou ses membres tant que vous n'êtes pas libéré de l'avidité. L'avidité vous fait croire des choses que, normalement, vous ne croiriez pas. Elle vous pousse à ne pas croire des choses que vous devriez normalement croire.

Si vous ne pouvez dominer votre avidité, exercez-la seulement dans les domaines où vous pouvez la voir fonctionner. Ne l'introduisez pas dans le cercle des initiés.

(Nazir el Kazwini, « Les Réflexions solitaires »)

Le récit d'Ibn-Halim

Ibn-Halim nous a laissé le récit de ses rencontres avec Pir Ardeshir de Kazwin et Murshid Amali, hommes de grand renom, maîtres de la Voie droite.

Il alla d'abord voir Pir Ardeshir.

« Veux-tu m'indiquer, lui demanda-t-il, ce qu'il faut faire et ce qu'il ne faut pas faire ?

— Oui, répondit le maître. Mais les instructions que je vais te donner sont telles que tu trouveras très difficile de les mettre en œuvre, car elles iront à l'encontre de tes préférences, même quand celles-ci consistent à préférer la difficulté. »

Ibn-Halim passa plusieurs mois avec Pir Ardeshir, et constata que l'enseignement était effectivement difficile pour lui. Il avait beau se dire que les anciens disciples d'Ardeshir étaient partout considérés comme des maîtres éclairés, il ne pouvait plus supporter les changements, les incertitudes et les différentes formes de discipline imposées.

Il finit par demander au maître la permission de s'en aller et prit le chemin de la tekkia d'Amali.

« Toi, m'imposerais-tu des tâches à la limite de ce

que je peux supporter ? demanda-t-il au murshid.

— Non, dit Amali.

— Veux-tu de moi pour disciple ?

— Demande-moi d'abord pourquoi les tâches que je t'imposerais, si je t'acceptais comme disciple, ne seraient pas aussi pénibles que celles que te donnait Pir Ardeshir.

— Pourquoi ne seraient-elles pas aussi pénibles ?

— Parce que je ne m'occuperais pas de toi et de ton bien-être réel comme Pir Ardeshir s'en est occupé.

« Alors, ne me demande pas, maintenant, de t'accepter comme disciple. »

La femme soufie et la reine

Une femme de la famille honnie des Omeyyades était parvenue à l'état de soufie.

Un jour, elle vint rendre visite à la reine. Celle-ci appartenait à la maison d'El-Mahdi, qui avait supplanté les Omeyyades. La reine était connue pour sa délicatesse et sa compassion. Lorsque la silhouette émaciée et dépenaillée de la princesse omeyyade parut à sa porte, elle lui fit signe d'entrer. Elle se disposait à lui prodiguer des paroles de réconfort, à lui offrir de quoi remédier à son évidente pauvreté, quand la princesse lui dit :

« Je suis de la famille des Omeyyades… »

La reine, oubliant toute charité, lui cria :

« Une femme née de ce sang maudit ! Sans doute es-tu venue ici mendier ? Tu oublies ce que les hommes de ta race ont fait subir aux membres de notre famille, comment ils les ont opprimés, quel traitement impitoyable ils leur ont infligé, ne leur laissant d'autre recours que Dieu…

— Non, dit la princesse omeyyade, je n'ai pas oublié. Je ne suis pas venue chercher compassion, pardon, argent. Je suis venue me rendre compte si les membres de la famille d'El-Mahdi avaient appris à se conduire, en tirant les enseignements des méfaits de leurs prédécesseurs, les fils impitoyables d'Omeyya, qui ne savaient pas se conduire ; ou bien si le comportement que tu déplores est un mal contagieux qui cause inéluctablement la perte de ceux qui le contractent. »

La princesse omeyyade se retira. Et l'on n'entendit jamais plus parler d'elle.

Mais puisque nous tenons cette histoire de la reine elle-même, c'est sans doute que sa rencontre avec la princesse soufie eut pour effet d'améliorer un peu, quelque part sur terre, le comportement humain.

L'aide-cuisinier

Un marchand célèbre, influent et aimé de tous vint voir Bahaudin Naqshband. Il lui dit, en audience publique :

« Je suis venu offrir ma soumission à ta personne et à ton enseignement, et te prier de m'accepter comme disciple.

— Pourquoi penses-tu pouvoir tirer profit de l'enseignement ? demanda Bahaudin.

— Tout ce que j'ai découvert et aimé dans les poèmes et les enseignements des anciens, répondit le marchand, je le retrouve en toi. Tout ce que les autres mentors soufis prônent et exaltent, ce qu'ils nous rapportent des sages du passé, je le trouve réalisé en toi, inaccompli et imparfait chez eux. Tu es en communion d'idées avec les grands maîtres : je perçois en toi et dans tout ce qui est en relation avec toi le parfum de la vérité. »

Bahaudin lui dit de se retirer, ajoutant qu'il lui ferait connaître sa décision en temps voulu.

Six mois plus tard, Bahaudin appela le marchand près de lui :

« Acceptes-tu que notre entretien soit public ?

— Oui, sur ma tête et mes yeux ! » répondit le marchand.

Lors de la réunion du matin, Bahaudin l'invita à venir s'asseoir à ses côtés. Il le présenta en ces termes à l'assemblée :

« Voici untel, le roi des marchands de cette ville. Il y a six mois, il est venu ici et a prétendu pouvoir percevoir le parfum de la vérité dans tout ce qui est en relation avec moi.

— Cette période d'épreuve et de séparation, dit le marchand, ces six mois passés sans que j'aie pu ne serait-ce qu'entrevoir le Maître, cet exil, m'ont incité à me plonger encore plus profondément dans l'étude des classiques, de façon à maintenir au moins ce lien-là avec lui, lui que je désire servir, Bahaudin El-Shah, visiblement identique aux plus grands…

— Six lunes ont passé, dit Bahaudin, depuis que tu es venu ici. Tu n'as pas perdu ton temps : tu as vaqué à tes affaires, et étudié la vie des grands soufis. Tu aurais pu, cependant, *m*'étudier, moi que tu regardes comme ne faisant qu'un avec les Connaissants du passé, car deux fois par semaine je suis venu chez toi. Durant ces six mois où nous "n'avons pas été en contact", je suis entré quarante-huit fois dans ta boutique. Lors de ces visites, j'ai eu souvent l'occasion de faire affaire avec toi, de t'acheter ceci, de te vendre cela, mais parce qu'il s'agissait d'échanges commerciaux, et du fait d'un simple changement de mise et de mine, tu ne m'as pas reconnu.

« Est-ce cela "percevoir le parfum de la vérité" ? »

Le marchand resta silencieux.

Bahaudin poursuivit :

« Quand tu t'approches de l'homme que les autres

appellent *Bahaudin*, tu peux sentir que cet homme est la vérité. Quand tu rencontres celui qui se fait appeler Khaja Alavi* le marchand, tu es incapable de percevoir le parfum de la vérité dans ce qui a rapport à Alavi. Tu prétends trouver dans Naqshband ce que les autres prêchent mais ne sont pas. Dans Alavi, tu ne trouves pas ce que les sages sont mais ne semblent pas être.

« La poésie et les enseignements dont tu parles ne sont qu'une manifestation extérieure. Tu te repais de manifestations extérieures. S'il te plaît, ne donne pas à cela le nom de spiritualité ! »

Ce marchand n'était autre que Mahsoud Nadimzada, qui devint un saint, après être devenu un disciple de Bahaudin, et qui devint disciple après s'être plié à étudier auprès du cuisinier de la *khanqa*, qui n'entendait rien à la poésie non plus qu'aux entretiens et aux exercices spirituels.

Mahsoud dit un jour :

« J'ai dû désapprendre tout ce que je croyais savoir de la voie spirituelle. Khalifa-Ashpaz, le cuisinier, consuma mes conceptions erronées et superficielles en ne tenant aucun compte de mes prétentions. »

---

* un des pseudonymes de Bahaudin Naqshband

Le sec et l'humide

Pendant des milliers d'années, encore inconnu du grand nombre, Khidr parcourut la terre, cherchant ceux qu'il pourrait instruire.

Lorsqu'il trouvait des humains aptes à apprendre, il leur disait des vérités, leur enseignait des arts utiles. Mais chaque fois qu'il les initiait à un nouveau savoir, ils se l'appropriaient et en faisaient mauvais usage.

Ils ne se souciaient pas de comprendre en profondeur, ne s'intéressant qu'à la mise en application de l'aptitude et des lois. À cause de cela, la connaissance ne put se développer dans son intégralité.

Alors Khidr décida de recourir à un autre mode d'apprentissage. Il transforma nombre de choses en leurs contraires. Ce qui était habituellement humide devint sec, ce qui était sec devint humide, et ainsi de suite.

Les hommes eurent tôt fait de s'adapter au nouvel état de choses. Ils s'habituèrent à prendre l'humide pour le sec et le sec pour l'humide.

Après avoir inversé l'ordre des choses en de nombreux domaines, Khidr reviendra un jour montrer comment distinguer à nouveau ceci de cela.

En attendant, seuls quelques-uns seront capables de tirer profit du travail de Khidr. Ceux qui ne peuvent en tirer profit sont ceux qui aiment à dire « je le savais déjà ! », alors qu'ils ne savent pas.

Livres

Si je donne un livre sans réel contenu, voulant dire : « Vous ne pouvez pas encore tirer profit de mon livre », vous penserez peut-être : « Il m'insulte. »

Mais si je donne un ouvrage dense, et compréhensible, les lecteurs prendront ses aspects superficiels comme stimulants. Ils s'exclameront : « Merveilleux ! Profond ! » Quand je ne serai plus là, ils s'attacheront à ces éléments extérieurs, qui deviendront pour eux sources de stimulation et objets de débat. Ils y verront didactique, poésie, exercices ou histoires.

Si je ne produis aucun livre, ou n'écris qu'un opuscule, les érudits ricaneront et abîmeront l'esprit des élèves potentiels, vulnérables, avec une littérature de leur cru, encore plus qu'ils ne le font à présent.

Les élèves déroutés deviennent destructeurs ; ils imaginent des solutions et tentent de les imposer aux autres.

Si je produis un gros volume, certains trouveront cela prétentieux.

Les gens font ces suppositions, notez-le bien, parce que cela les arrange, non parce qu'ils souhaitent s'approcher de la vérité.

Si je produis un livre sibyllin, beaucoup s'imagineront qu'il contient d'étranges secrets ; certains, s'évertuant à les déchiffrer, déploieront des astuces superflues.

Et plus vous soulignez ces points, plus l'on vous répondra avec irritation ou dédain : « Vous ne nous comprenez pas. Nous n'avons pas le comportement que vous dites. C'est vous qui êtes dépourvu de compréhension. »

Mais si je précise ces points et que vous prêtiez attention, même un instant, à tout ce que j'ai dit, je serai satisfait.

(Bahaudin)

Quand un homme se rencontre

L'homme a beaucoup de mal à décrire les choses et les gens. Cette difficulté est aussi son « défaut » le plus visible. Ce défaut pourrait être corrigé si quelqu'un se donnait la peine de le lui indiquer assez souvent et avec assez de force, de lui montrer qu'il *se* dépeint quand il pense dépeindre autrui.

Combien de fois ai-je entendu dire de moi :

« Je considère cet homme comme le *Qutub*, le Pôle magnétique de l'Époque ! »

Celui qui parle ainsi veut dire en fait : « *Je* considère cet homme… »

Il ne fait que décrire ses convictions ou sentiments personnels. Nous aurions préféré apprendre quelque chose sur la personne ou l'objet qu'il prétend décrire.

Quand il dit : « Cet enseignement est sublime », il veut dire en fait : « Je crois avoir trouvé ce qui me convient. » Nous aurions aimé en savoir plus sur l'enseignement et moins sur la façon dont il pense bénéficier de l'enseignement.

Certains diront : « On peut connaître une chose par ses effets. Pourquoi ne pas en observer les effets sur l'individu ? »

Rares sont ceux qui comprennent que l'effet de la lumière solaire sur les arbres, pour prendre un exemple, est quelque chose de constant. Pour connaître la nature de l'enseignement, il nous faudrait connaître la nature de l'individu sur lequel il a agi. L'homme ordinaire n'en a pas les moyens : tout ce qu'il peut savoir, c'est ce que l'individu en question suppose être l'effet produit sur lui. Or ce dernier n'a pas une représentation cohérente de ce qu'est ce *lui*. Puisque l'observateur extérieur en sait encore moins que l'individu qui se décrit, les éléments d'appréciation dont nous disposons ne sont pas valables. Les témoins ne sont pas fiables.

Tant qu'il en sera ainsi, il se trouvera généralement autant de gens pour dire « c'est merveilleux ! » que pour déclarer « c'est ridicule ! ».

« C'est ridicule » signifie en fait « cela me semble ridicule », et « c'est merveilleux » veut dire « cela me semble merveilleux ».

Êtes-vous vraiment satisfait d'être comme ça ?

Beaucoup sont satisfaits même s'ils s'en défendent avec énergie.

Aimeriez-vous être capable d'évaluer ce qui est réellement ridicule, ou merveilleux, ou quoi que ce soit entre les deux ?

Vous le pouvez — à condition de ne pas supposer que vous le pouvez sans préparation, sans entraînement, alors que vous ne savez pas encore ce que vous êtes et pourquoi vous aimez ceci et détestez cela.

Quand vous vous serez trouvé, vous pourrez avoir la connaissance. En attendant, vous ne pouvez avoir que des opinions. Les opinions sont fondées sur l'habitude, et sur ce que vous estimez vous convenir.

L'étude du Chemin exige que l'on se rencontre en chemin. Vous ne vous êtes pas encore rencontré. Le seul avantage des rencontres que vous ferez entre-temps, c'est qu'il se trouvera peut-être quelqu'un pour vous présenter à vous-même.

Avant cela, vous imaginerez sans doute vous être rencontré bien des fois. La vérité, c'est que lorsque vous vous rencontrerez, vous entrerez en possession d'un fonds et d'un legs de connaissance permanents. Et cela n'est comparable à aucune autre expérience sur terre.

(Tariqavi)

L'histoire d'Halakou

Un groupe comprenant des fidèles de différentes confessions vint rendre visite à un maître soufi.

« Accepte-nous comme disciples, lui dirent-ils. Nous nous rendons compte qu'il n'y a plus la moindre trace de vérité dans nos religions, et nous sommes convaincus que ton enseignement est le seul vrai chemin.

— N'avez-vous jamais entendu conter l'histoire du Mongol Halakou Khan ? demanda le soufi. Eh bien, je vais vous la dire.

« Ahmad, vizir de Mustasim, calife de Bagdad, invita le khan à envahir les terres de son maître. Halakou gagna la bataille de Bagdad. Ahmad alla à sa rencontre pour recevoir sa récompense.

« "Viens-tu chercher ta récompense ? demanda le khan.

« — Oui, dit le vizir.

« — Tu as trahi ton maître pour l'ennemi de ton maître, et tu voudrais que je croie à ta loyauté envers moi !"

« Le Mongol donna l'ordre de pendre Ahmad.

« Avant de demander à quiconque de vous accepter,

demandez-vous si vous ne faites pas cela simplement parce que vous n'avez pas suivi le chemin de votre propre maître. Si vous êtes sûrs que ce n'est pas le cas, alors venez et demandez à devenir mes disciples. »

Des poissons sur la lune

Quelqu'un interrogea Bahaudin Naqshband :

« Pourquoi dis-tu toujours que personne ne peut apprendre le soufisme tout seul, et que quiconque pense être plus avancé qu'un autre sur la Voie ne vaut rien ? »

Le maître répondit :

« Parce que c'est un fait d'expérience journalière que ceux qui pensent pouvoir apprendre le soufisme par leurs propres moyens en sont en réalité incapables : ils sont trop égocentriques pour cela. Ceux qui pensent ne pas pouvoir apprendre seuls en sont en réalité capables. Mais, puisque la vanité n'est jamais loin, un vrai maître devra leur donner la permission de progresser seuls. Qui d'autre pourrait établir un diagnostic : discerner leur état véritable ?

« Quiconque estime être plus avancé qu'un autre en Connaissance est presque complètement ignorant, et incapable d'apprendre davantage. Celui-là tourne en rond dans les "intestins de Satan" de son ignorance. Il en est ainsi parce que l'expérience de la connaissance réelle n'a rien à voir avec la conviction d'être plus avancé qu'autrui.

« Tu remarqueras que celui que je critique pour son obstination, son égocentrisme, n'est jamais accepté comme élève. Parce qu'il aurait à coup sûr le sentiment, quoi qu'il imagine, que mes critiques sont motivées par un désir de l'instruire. C'est pourquoi je renvoie toujours ceux que je critique. Sait-on jamais ? Peut-être trouveront-ils, quelque part, un maître qui ne les flatte pas... quoique cela soit aussi probable que la présence de poissons sur la lune.

« L'attention que leur donne un maître est presque toujours interprétée comme de l'approbation par les disciples immatures.

« Il est donc improbable qu'ils trouvent un maître qui ne les flatte pas (par son attention), parce qu'ils ne se rendent pas compte qu'ils interprètent mal la bienveillance ou la dureté du maître : pour eux, elles ne sont généralement qu'une forme d'attention. »

Kilidi et les pièces d'or

Le maître soufi Kilidi découvrit que nombre de ses disciples passaient une bonne partie de leur temps à répandre des anecdotes sur ses extraordinaires vertus et son étrange aptitude à aller au-devant des pensées et des besoins éducatifs de ses élèves.

Il leur en fit maintes et maintes fois le reproche, mais l'humaine tendance à se vanter en vantant celui que l'on sert ou admire était trop marquée chez eux.

Il leur dit un jour :

« Si vous ne mettez pas fin à cette habitude, qui non seulement attire sur moi l'attention des curieux mais m'interdit de vous transmettre de nouvelles et importantes connaissances, il me faudra faire un exemple qui vous fera me détester. Vous pourriez bien alors être la risée de tous pour m'avoir suivi. »

Cet avertissement resta sans effet. Peu après, Kilidi, en public, et devant de nombreux disciples, offrit cent pièces d'or à un mendiant qui passait.

Le mendiant revint bientôt avec l'or, qu'il rendit au soufi :

« Cet or ne m'a fait aucun bien... Ma femme dit que je dois lui en donner la moitié, ou que tu dois lui en donner la même quantité, vu qu'elle est aussi pauvre que moi… »

Kilidi prit l'or et le tendit à un homme riche présent dans l'assistance, avec ces mots :

« Les riches ne se plaignent pas de leur argent. »

Il dit au mendiant :

« Maintenant, tout est rentré dans l'ordre. Reprends ta relation normale et harmonieuse avec ta femme. »

Se tournant vers ses disciples, il leur dit :

« Alors, vous voyez ! Kilidi peut se tromper. Et vous n'êtes pas les seuls à l'avoir constaté. »

Le blé et l'orge

Un lettré éminent vint voir Bahaudin Naqshband et lui dit :

« Ton caractère, tes exercices, ton aptitude manifeste à faire le bien t'ont désigné à l'attention des gens et au cœur des disciples comme l'actuel Maître de l'Époque. En a-t-il toujours été ainsi ?

— Non, dit Bahaudin, il n'en a pas toujours été ainsi.

— Les anciens soufis, reprit le visiteur, ont été souvent considérés comme des imitateurs, tournés en ridicule par les érudits, redoutés des interprètes. Certains de ceux que les Adeptes tiennent pour leurs plus nobles représentants sont catalogués dans les ouvrages des savants officiels comme indésirables, ou exerçant une influence que les autorités réprouvent. Pourtant, s'il est vrai qu'ils ont contribué à la connaissance et à la pratique de la Voie, n'étaient-ils pas clairement et visiblement des Adeptes ?

— Certains d'entre eux sont à l'évidence des Adeptes, d'autres ne sont manifestement rien, dit Bahaudin.

— Où réside alors la qualité essentielle du derviche ?

— Dans sa réalité, non dans son apparence.

— Ces hommes n'ont-ils pas des qualités au vu desquelles chacun peut les juger ? »

Bahaudin répondit :

« Rappelle-toi l'histoire du blé et de l'orge. Jadis, un champ fut planté en blé. Les gens s'habituèrent à voir chaque année le blé sortir de terre, et à se nourrir du pain confectionné avec sa farine. Le temps passa. Un jour, il fut nécessaire de planter de l'orge. Quand l'orge sortit de terre, nombreux furent ceux qui s'écrièrent, attachés qu'ils étaient à l'apparence des choses comme tous les savants ordinaires ont tendance à l'être : "Ce n'est pas du blé !"

« Les cultivateurs répondirent : "Oui, ce n'est pas du blé, mais c'est une céréale, et c'est de céréales dont nous avons besoin." "Charlatans !" crièrent les hommes d'apparence.

« Maintes fois il en fut ainsi. L'orge était cultivé et moissonné, mais les vociférations de ceux qui voulaient chasser les cultivateurs faisaient tant de bruit et d'effet que ceux-ci n'étaient plus en mesure de fournir la farine. Les gens mouraient de faim, mais n'en pensaient pas moins, sous l'influence de leurs conseillers aveugles, qu'il était préférable pour eux d'empêcher que la terre soit cultivée et moissonnée par les hommes de l'orge. »

Le visiteur remarqua :

« Alors, ce que l'on désigne par le terme "soufisme", c'est la céréale en elle-même ? Cela veut dire que nous avons appelé "céréales" le "blé", l'"orge" etc., et qu'il nous faut maintenant prendre conscience du fait qu'il y a quelque chose au-delà du blé et de l'orge, quelque chose dont ces cultures ne sont que des manifestations secondaires ?

— Oui, dit Bahaudin.

— Si l'on nous donnait la connaissance des "céréales" au lieu de nous donner du "blé" et de l'"orge" sous le nom de "céréales", ne serait-ce pas préférable ? demanda le visiteur.

— Ce serait assurément préférable, si c'était possible, répondit Bahaudin. Mais la situation est la suivante : la plupart des gens, dans leur intérêt et celui des autres, doivent encore travailler pour la moisson, afin de pouvoir manger. Rares sont ceux qui savent ce que sont les céréales. Ce sont ceux-là que l'on appelle "les Guides".

« Quand un homme sait que les gens risquent de mourir de faim, il doit fournir toute la nourriture qu'il peut. Seuls ceux qui ne travaillent pas dans les champs ont le temps de se poser des questions au sujet de la céréale. Ils ont le temps, mais ils n'ont pas le droit, parce qu'ils n'y ont pas goûté, et qu'ils ne participent pas à la production de farine.

— Il n'est pas bon de dire aux gens de faire telle et telle choses quand ils ne peuvent comprendre pourquoi ils doivent le faire, dit le visiteur.

— Il est pire encore de leur annoncer que tel arbre va tomber, en donnant tant d'explications qu'avant même qu'on ait fini d'expliquer, ils sont morts, écrasés par sa chute », répondit Bahaudin.

La bouteille de vin

On raconte dans les assemblées des sages l'histoire d'un homme qui désirait recevoir un ami avec toute l'hospitalité dont il était capable.

Après dîner, l'hôte et son invité restèrent un moment en silence. Le premier dit enfin au second :

« Que dirais-tu d'un peu de vin pour dissiper l'engourdissement de notre penser et stimuler l'acuité de nos sentiments ? »

L'invité acquiesça.

Or le maître de maison possédait en tout et pour tout une bouteille de vin : il le dit à son ami, et demanda à son fils d'aller chercher la bouteille. Or ce garçon souffrait d'une maladie qui le faisait voir double. Lorsqu'il revint, il dit à son père :

« Père, il y a deux bouteilles à la cave. Laquelle des deux veux-tu que j'apporte ? »

Embarrassé à l'idée que son invité puisse penser qu'il ne lui offrait pas tout ce qu'il avait, le père répondit :

« Casses-en une, et apporte-nous l'autre. »

Le fils jeta une pierre sur la seule et unique bouteille qui se trouvait devant ses yeux, et crut avoir par mégarde cassé les deux.

C'est ainsi qu'il n'y eut pas de vin ce soir-là pour l'hôte et l'invité.

Celui-ci pensa que le fils n'était qu'un imbécile, alors qu'il était atteint d'une infirmité. La fierté que l'hôte tirait de son hospitalité avait causé la destruction de la bouteille. Son fils était peiné d'avoir fait une bêtise.

Tout cela parce que l'hôte avait craint que son invité n'imagine — s'il lui avait dit d'emblée que son fils souffrait de vision double — que ce n'était qu'un prétexte pour ne pas lui offrir tout son vin.

Bahaudin Naqshband

Nous nous trouvions, le maître et moi, sur un petit plateau, dans les hautes montagnes du Kohistan.

Le maître me dit :

« Regarde les conifères. Les uns sont petits, les autres sont grands. Certains ont bien pris racine, d'autres ont poussé de travers ; d'autres encore, sans raison apparente, ont plusieurs de leurs branches abîmées.

— Que peut-on en déduire ? demandai-je.

— Les grands arbres ont une forte aspiration, dit-il.

— Ont-ils tous atteint leur but ?

— Loin de là.

— Et ceux qui ont des branches abîmées ?

— Ce sont ceux qui ont cherché à se justifier.

— Les petits sont-ils meilleurs que les grands ?

— Ce qui est petit peut l'être à cause de l'hérédité, parce que les occasions ont manqué, par manque d'éléments nutritifs, à cause du désir.

— Et les arbres aux racines profondes ?

— Tout dépend de leur nature, et de l'aptitude de leurs racines à discerner et à absorber la vraie nourriture. Certains de ceux qui sont profondément enracinés sont tels à cause d'une avidité et d'une voracité injustifiées. Parfois, ce sont ceux-là aussi que les bûcherons abattent, et transforment en bois de construction. »

L’Éponge des Problèmes

On raconte que pendant des siècles le tombeau de Boland-Ashyan, en Iran, guérit les maladies, exauça les désirs, exerça une action bénéfique sur tous les visiteurs.

Ce sanctuaire (l’*Éponge des Problèmes* : c’est ainsi qu’on l’appelait) était situé non loin de la bourgade de Murghzar.

Faisal Nadim travailla près de vingt ans comme cuisinier à l’*ashkhana** de Murghzar. Jamais il ne voulut mettre les pieds au sanctuaire. Mais les voyageurs qui entrèrent dans sa cuisine et passèrent un moment avec lui tandis qu’il travaillait donnèrent naissance à la lignée d’illuminés soufis connus sous le nom de Nadimis, alors qu’on n’entendit jamais dire, sinon parmi les ignorants, que les visiteurs du tombeau y gagnèrent en sagesse.

Quelqu’un demanda un jour au sage Khorram Ali :

« Pourquoi ces pieux pèlerins ne sont-ils pas transformés par leur visite en un lieu si fertile en miracles ? Et pourquoi les familiers de la cuisine de l’auberge deviennent-ils des saints soufis ? »

---

* auberge

Khorram répondit :

« L'éponge absorbe l'eau dont on n'a pas besoin, mais elle peut aussi, parfois, empêcher que l'eau fasse œuvre utile : quels que soient les mérites qu'on lui attribue, elle n'a aucune sensibilité. Le cuisinier, lui, connaît la juste proportion des ingrédients et sait comment faciliter leur assimilation. Il peut avoir besoin d'une éponge pour enlever l'eau sale, ou éliminer ce qui fait obstacle. Seuls les observateurs stupides, les yeux rivés sur l'éponge, s'imaginent que celle-ci opère d'elle-même. »

Le poisson de cristal

Un jeune homme rendit service à un passeur qui lui fit don en retour d'un poisson de cristal minuscule.

Peu après, le jeune homme égara le poisson. Il était au désespoir d'avoir perdu un objet aussi beau et aussi rare, quand il vit quelqu'un portant autour du cou un cordon d'où pendait un poisson de cristal. Furieux, il le poursuivit en justice. Sur son témoignage, le prévenu, qui se trouvait être lui aussi un passeur, fut reconnu coupable de vol. Comme on lui demandait s'il avait quoi que ce soit à déclarer avant d'être conduit en prison, il dit au juge :

« Interroge n'importe quel passeur de ce pays : nous portons tous cet emblème, et ce qui est à moi est à moi. Ce poisson de cristal n'appartient pas à ce jeune homme. J'ai aussi une bouche et deux yeux : ils ne sont pas à lui non plus !

— Pourquoi ne pas avoir d'emblée proclamé ton innocence ! s'écria le magistrat.

— Parce qu'il est préférable pour tout le monde que les intéressés parviennent eux-mêmes à la vérité en exerçant leur bon sens dès le début, plutôt que d'attendre que l'on apporte la preuve de ce qui n'est pas toujours susceptible de preuve.

— Pourtant, il nous faut tous apprendre, fit observer le juge.

— Hélas ! dit le passeur, si l'on considère que l'apprentissage dépend de la présentation de preuves, nous n'avons qu'une demi-connaissance, et nous sommes assurément perdus. »

Les Kishtiwanis — ce passeur appartenait à cette École — étaient connus pour l'insistance avec laquelle ils revenaient sur ce point : les gens passent le plus clair de leur temps à tirer de tout des conclusions hâtives, ou bien ne prêtent aucune attention aux faits.

Le sceau de Bahaudin Naqshband

Peu après la mort de Maulana Bahaudin Naqshband un homme en haillons se présenta au lieu de sépulture et demanda à voir le *khalifa*, le délégué du maître.

Le khalifa était absent.

« Eh bien, qu'on me conduise auprès de Bibi Djan, la veuve du maulana, dit le vagabond : elle saura qui je suis. »

Les gens étaient déconcertés. Quant aux quelques disciples de Bahaudin qui se trouvaient là, ils ne savaient que dire ou que faire.

« Pas de khalifa, pas de compréhension ! dit le vagabond. Je m'en vais donc vous montrer ceci, que même un imbécile reconnaîtrait. »

Il présenta le sceau de Bahaudin Naqshband.

Tous alors de le traiter avec beaucoup de respect et d'égard.

« Conduisez-moi au mur adossé à la colline de Tillaju », dit-il.

Il abattit un pan du mur et leur ordonna de creuser pour en dégager la base. Puis il exhuma divers objets qui avaient été enterrés là.

« Ces objets me reviennent, dit-il. Ils seraient revenus aux disciples s'ils avaient été des Adeptes.

— Pourquoi les disciples ne les ont-ils pas pris ? demanda quelqu'un.

— El-Shah leur a dit de dégager la base du mur, dit le vagabond. Au lieu de cela, ils l'ont surélevé, si bien qu'il aurait fini par s'écrouler, et les objets inestimables que voici auraient été perdus. La paresse des murids*, leur répugnance au travail manuel, et leur sentiment de supériorité — supériorité qui n'existe que dans leur imagination — les ont empêchés d'accéder au domaine spirituel.

— Pouvons-nous en savoir plus sur ceux qui ne sont pas comme nous, demanda un murid, car nous avons soif de connaissance…

— Ceux qui pouvaient connaître connaissent déjà, dit le mystérieux derviche. Pour les autres il est trop tard. Il leur reste la satisfaction d'avoir côtoyé El-Shah. Mais il vaudrait mieux qu'ils se dispersent ; sinon, ils ne feront que reprendre les termes et les formules dont usait El-Shah, et les gens, imaginant que c'est cela le soufisme, seront détournés du droit chemin. »

Quelqu'un demanda alors :

« Qui es-tu ? Es-tu un des illuminés, un des walis**, un des abdals*** ? Vas-tu demeurer avec nous ?

— Je suis le plus petit d'entre les serviteurs des Maîtres — les *Khwajagan*, répondit le derviche. Un serviteur demeure là où il peut servir son maître, nulle part ailleurs. Je ne peux m'acquitter de mon humble tâche en compagnie des arrogants.

— Comment pouvons-nous réduire notre arrogance ? demanda quelqu'un.

---

* disciples ** saints, amis de Dieu *** transformés

— En prenant conscience de ceci : vous n'êtes pas dignes d'être les représentants de l'Enseignement de Bahaudin Naqshband. Ceux qui sont indignes sont doublement inaptes. Ils s'égarent lorsqu'ils imaginent étudier la Voie. Ils égarent les autres lorsqu'ils prétendent les instruire, même implicitement.

« Cela n'est pas étudier. Cela n'est pas instruire. Là où il n'y a pas de Représentant, imiter sa fonction revient à l'usurper. L'usurpation détruit l'âme. »

Rempli

Un astronome tout rempli de son importance vint rendre visite au cours de ses voyages à Koushyar le Sage, maître d'Avicenne.

Koushyar ne voulut pas avoir affaire à lui et refusa de l'instruire de quelque manière que ce soit.

L'astronome, peiné, allait prendre congé, quand Koushyar lui dit :

« Tu es si convaincu d'être un puits de science que tu es pareil à un récipient plein à ras bord.

« À cause de cela, tu ne peux recevoir davantage.

« Mais cette abondance n'est que la satiété de la vanité. La réalité, c'est que tu es vide. »

Une voix dans la nuit

La nuit dernière, une voix m'a chuchoté à l'oreille :

« Ça n'existe pas une voix qui chuchote dans la nuit ! »

(Haidar Ansari)

Perception

On rapporte que quelqu'un dit au grand philosophe Saadi :

« J'aspire à la perception afin d'atteindre à la sagesse.

— La perception sans la sagesse est pire que l'absence de perception, répondit Saadi.

— Comment est-ce possible ?

— Rappelle-toi l'histoire du vautour et du milan. Le vautour dit au milan : “J'ai une bien meilleure vue que toi. Tiens ! je peux distinguer ce grain de blé dans ce champ là-bas, alors que toi tu ne le vois pas !”

« Les deux oiseaux fondirent ensemble sur ce grain de blé que le vautour pouvait voir et que le milan ne pouvait pas voir. Lorsqu'ils furent tout près du sol, le milan vit enfin le grain. Le vautour poursuivit son piqué, avala le grain de blé et s'effondra : le blé était empoisonné. »

Restes

Les restes du repas de l'émir sont plus copieux que les tranches de halva offertes par le marchand.

(Timur Fazil)

La mouche dorée

Il était une fois un certain Salar, qui savait distinguer le bien du mal, qui savait ce qu'il fallait faire et ne pas faire, qui savait beaucoup de choses qu'il avait lues dans les livres. Il en savait tant qu'il avait été nommé secrétaire particulier du mufti Zafrani, juriste et juge éminents.

Mais Salar ne savait pas tout, et même quand il savait, il ne conformait pas toujours sa conduite à son savoir.

Un jour, une minuscule mouche dorée, chatoyante, vint se poser sur le bord de son verre de jus de fruit glacé. La mouche but une petite goutte. Elle fit de même le lendemain et le surlendemain et les jours suivants… C'était maintenant une mouche de belle taille, et Salar pouvait la voir facilement ; mais, comme elle avait grandi insensiblement, il n'y faisait guère attention.

Plusieurs semaines s'écoulèrent durant lesquelles, plongé dans l'étude d'un problème juridique épineux, il n'y fit plus attention du tout. Quand enfin il leva le nez de ses dossiers, il se rendit compte que la mouche paraissait bien plus grosse qu'elle n'aurait dû. Il la chassa du revers de la main. Elle s'éleva d'un coup, décrivit des cercles au-dessus du verre et disparut.

Elle ne tarda pas à revenir. Dès que Salar relâchait sa vigilance, la mouche fondait sur le verre, se posait sur le bord, buvait autant qu'elle pouvait. Elle grossissait de jour en jour, buvait de plus en plus. Mais il y avait autre chose : son aspect se modifiait peu à peu.

Au début, Salar s'en débarrassait d'une chiquenaude. Maintenant il devait se munir d'un bâton pour lui taper dessus. Parfois il avait l'impression qu'elle commençait à prendre vaguement forme humaine.

Bien sûr, ce n'était pas une mouche, mais un djinn.

Salar finit par lui crier des injures, et voilà qu'à ses cris elle répondit par des mots :

« Je ne t'en bois pas tant que ça de ton jus de fruit ! Et puis, je suis belle, n'est-ce pas ?... »

Salar fut d'abord stupéfait ; puis il eut peur ; enfin, il se sentit déconcerté au point de ne plus savoir que penser.

Il se surprit bientôt à prendre plaisir aux visites de la mouche. Elle continuait pourtant de siroter son jus de fruit glacé. Il la regardait danser, il pensait de plus en plus à elle, il travaillait de moins en moins, et à mesure qu'elle gagnait en volume il sentait ses forces décroître. Son travail s'en ressentait. Le mufti lui faisait de constantes réprimandes. Le temps était venu de se ressaisir. Il décida d'en finir une fois pour toutes avec la mouche dorée. Rassemblant tout son courage, il lui porta un coup violent. Elle s'envola en disant :

« Tu es injuste envers moi : je ne veux rien d'autre qu'être ton amie. Mais je m'en irai, si c'est ce que tu veux. »

Salar pensa s'être à tout jamais débarrassé de la mouche. « Je l'ai vaincue, se répétait-il, cela prouve que je suis plus fort qu'elle, qu'il s'agisse d'un être humain ou d'un djinn, d'une mouche ou de tout ce qu'on voudra ! »

Alors qu'il s'était définitivement persuadé que l'affaire était close, la mouche se manifesta de nouveau. Elle avait grossi de façon incroyable. Elle descendit du plafond semblable à un lac chatoyant de forme humaine.

Deux énormes mains se tendirent qui saisirent Salar à la gorge.

Quand le mufti vint chercher son secrétaire, il le trouva gisant sur le sol, étranglé. Un mur écroulé, l'empreinte d'une main sur la chaux, aussi large que le flanc d'un éléphant, donnaient une idée de la taille colossale de ce djinn.

Le pacte de la taverne

Certains diront : « Ils sont venus en vain. »
Fais en sorte qu'ils ne soient pas venus en vain.

Ce legs, nous te le confions.
Nous avons achevé ce que nous avons pu ;
Ce qui reste à faire, nous te l'avons laissé.

Rappelle-toi : c'est une tâche confiée.
Rappelle-toi, bien-aimé, nous nous retrouverons.

Chant derviche

Le couteau

Un derviche errant se précipita chez un soufi. Le soufi était plongé dans la contemplation.

« Vite ! dit le derviche, il faut faire quelque chose : un singe vient de ramasser un couteau.

— Ne t'inquiète pas, dit le soufi : tant que ce n'est pas un *homme*… »

Quand le derviche revit le singe, il constata, comme on pouvait s'y attendre, que celui-ci avait jeté le couteau.

(Kardan)

Caravansérail

Il était une fois un homme qui s'appelait Muin et qui dans sa jeunesse avait été dupé et trahi par un certain Halim, personnage d'une extraordinaire avidité.

« Un jour, pensait Muin, je serai en mesure de lui faire payer ce qu'il m'a fait. Je serai riche, il en crèvera d'envie, surtout si je lui refuse de l'argent ! »

Les années passèrent. Muin ne devint pas riche. L'argent qu'il avait économisé tout au long de sa vie aurait tout juste suffi à assurer pour un mois le train de vie d'un homme fortuné. Lorsqu'il atteignit la quarantaine, il tomba malade. Les médecins ne lui donnaient que quelques semaines à vivre.

Muin avait un précepteur soufi : Daoud, fils de Zakaria. Il lui demanda ce qu'il pourrait faire.

« Exciter l'envie n'entre pas dans les tâches du soufi, répondit Daoud. L'envie est une maladie mortelle : attisée, elle corrompt et détruit. Il est extrêmement difficile de l'extirper. Le seul moyen de la faire disparaître, c'est d'amener l'envieux à pratiquer une générosité réelle et intense, ce à quoi il est rarement disposé. Je peux te dire ceci, et je te laisse le reste : l'envieux est rongé par ce qu'il pense être vrai, non par la vérité vraie. »

Muin médita ces paroles.

Puis il fit venir Aram, son fils.

« Je n'ai pas grand-chose à te léguer, lui dit-il, mais je pense pouvoir m'acquitter d'une dette et assurer ton avenir par un investissement judicieux, si je le fais maintenant. Le temps presse. Je n'ai plus beaucoup de jours à vivre. Obéis-moi donc dans les moindres détails. »

Aram suivit ses instructions à la lettre : il rassembla toutes les économies de son père, acheta des vêtements somptueux, des bijoux, deux maisons et bien d'autres choses encore. Puis père et fils s'installèrent dans le caravansérail le plus cher du voisinage, non loin de la demeure du vaurien. Et ils le firent appeler.

Muin, épuisé, était couché quand Halim entra :

« Ce lit est probablement mon lit de mort, lui dit-il. Tu es la seule personne que je connaisse dans la région. J'ai un fils, comme tu vois, Aram, et c'est à lui que je vais transmettre le secret qu'un soufi m'a confié, grâce auquel j'ai pu amasser toutes ces richesses. Veille sur ce garçon, il te révélera le secret au moment propice, que je lui ai appris à reconnaître. »

Muin mourut peu après la rencontre.

Halim, qui était très riche, prodigua au jeune Aram force cadeaux et le combla de bontés avec ostentation, avide qu'il était de connaître le secret du soufi. Il demeurait constamment sur le qui-vive au cas où se présenterait le moment opportun pour sa transmission.

Or Muin avait dit à Aram :

« Révèle à Halim les paroles du soufi s'il s'est montré assez généreux envers toi, si jamais tu constates que son avidité a disparu. »

Aram observa Halim pendant des années. Celui-ci

lui proposait de l'argent mais jamais, pour une raison ou une autre, il ne donnait autant qu'il avait proposé.

Aram prenait l'argent et en demandait encore davantage, directement ou par des intermédiaires, pour établir s'il y avait chez Halim une quelconque répugnance à donner. Et il constata en effet que sa répugnance était grande.

Halim était en proie à des accès d'exaltation et de découragement. Il cherchait toutes sortes de dérivatifs à son état afin d'alléger les tensions de sa vie. C'est ainsi qu'il passait beaucoup de temps à bavarder.

Un jour il lut ceci dans un livre : « Promettre et ne pas tenir ses promesses, cela fait obstacle à la transmission des secrets soufis. » Il se rappela alors qu'il n'avait pas été fidèle à toutes les promesses qu'il avait faites à Aram.

Il offrit le jour même au fils de Muin le solde de la somme très importante qu'il s'était engagé à l'origine à lui donner.

« Je ne suis pas à même de juger pourquoi tu fais cela, dit Aram, mais, après tout, c'est peut-être pour la bonne raison. Aussi vais-je te révéler aujourd'hui le secret du soufi. »

Il rapporta à Halim ce qui s'était passé entre Daoud et son père.

Halim éprouva une telle admiration pour la sagesse de Daoud qu'il triompha à l'instant de son avidité.

« Aram, dit-il, il n'y a pas de place dans mon cœur pour les regrets. Qu'importe l'argent dépensé ! Je ne te demande qu'une chose : dis-moi comment je peux trouver ce soufi, que je puisse lui embrasser les pieds. »

C'est l'histoire d'Halim, telle qu'elle a été rapportée

par Halim lui-même, Halim, le grand sage soufi, qui succéda finalement à Sheikh Daoud, fils de Zakaria.

Fantaisies

Homme ! si seulement tu savais combien de fantaisies erronées, fruits de l'imagination, sont plus proches de la Vérité que les conclusions prudentes des esprits circonspects ; si tu savais aussi que ces vérités ne sont d'aucune utilité tant que l'imaginateur, une fois épuisées les ressources de l'imagination, n'est pas devenu moins imaginatif !

(Shab-Parak)

Sans rapport

Un des sages soufis désigna un délégué pour transmettre ses instructions à un groupe de disciples. Au bout d'un certain temps, ceux-ci prirent sur eux de considérer ce délégué non plus comme un intermédiaire mais comme un homme agissant de sa propre autorité. Et ils le vénérèrent.

Celui-ci, à son tour, commença à croire que tout ce qu'il disait avait de l'importance.

Quelques-uns des disciples, ayant des doutes sur certains résultats des activités du délégué, s'interrogeaient : « Cet homme, disaient-ils entre eux, agit-il en parfait accord avec son mandat ? » D'autres considéraient de telles pensées comme une manifestation de déloyauté et s'aveuglaient sur tous les abus.

Le sage l'apprit. Il répondit à leurs interrogations : « La vanité a pris possession de ce délégué. Mais elle s'est nourrie de vos désirs de vénération. »

Les disciples étaient découragés. Ils dirent au sage :

« Si cela peut arriver à une personne de confiance, alors que ne pourrait-il pas nous arriver à nous !

— Cela ne serait pas arrivé, répondit le sage, si

tous les intéressés n'y avaient pas concouru. Si vous aviez obéi à mes ordres au lieu de vous fabriquer un maître d'imitation, si vous vous étiez contentés de suivre mes instructions au lieu de faire de cet homme votre idole, cela ne serait pas arrivé.

« Là où se manifestent ces tendances, non seulement cela arrive, mais cela ne peut pas ne pas arriver. Vous vous étonnez que les choses se soient passées ainsi : vous feriez mieux d'observer à quel point vous êtes incapables de distinguer le vrai du faux. Mais vous n'êtes pas assez humbles pour ne pas prendre le faux pour le vrai.

« C'est là votre leçon.

— Que va-t-il advenir de lui ? demandèrent-ils.

— Ne vous occupez pas de cela : ce n'est pas votre affaire ! C'est le fait de vous intéresser à ce qui est sans rapport avec notre tâche qui a entravé votre développement. C'est ce que vous faites encore en ce moment. Loin d'être en avance sur les gens ordinaires, vous êtes désormais loin derrière. Voulez-vous vous rattraper ? »

Fidélité

Najmaïni (« l'Homme des Deux Étoiles ») renvoya un élève avec ces mots :

« Ta fidélité a été mise à l'épreuve. Je constate qu'elle est à ce point inébranlable que tu dois t'en aller. »

L'élève dit au maître :

« Eh bien, je m'en irai. Mais je ne comprends pas comment la fidélité peut être un motif de renvoi. »

Najmaïni lui dit :

« Trois ans durant nous avons mis ta fidélité à l'épreuve. Ta fidélité au savoir inutile et aux jugements superficiels est totale. C'est pourquoi tu dois t'en aller. »

Le tombeau de Saint Jean-Baptiste

Saadi, le soufi, auteur du *Gulistan* (le *Jardin de roses*), rapporte qu'il visita le tombeau de Jean-Baptiste, en Syrie.

Il arriva au sanctuaire, épuisé, les pieds endoloris. Il s'apitoyait sur lui-même, quand il vit un homme qui non seulement semblait aussi fatigué que lui mais n'avait pas de pieds.

Saadi rendit grâces à Dieu d'avoir deux pieds pour marcher.

Ce récit, au niveau manifeste, nous dit : « Soyez reconnaissant des moindres bienfaits. » L'enseignement qu'il renferme à ce niveau se retrouve dans toutes les cultures. Il peut aider celui qui souffre de ce mal invalidant — l'apitoiement sur soi — à considérer sa situation d'un autre point de vue.

L'emploi de récits de ce genre à des fins émotionnelles — pour provoquer chez le lecteur ou l'auditeur un changement d'attitude mentale, l'inciter à être content de son sort, peut-être même momentanément reconnaissant de son sort —, cet emploi est caractéristique de l'instruction de type courant.

Les esprits évolués diront : « Saadi n'a rien fait

d'autre qu'inculquer des principes prétendument moraux poussant à la vertu. Son œuvre est d'un autre âge. » Les sentimentaux traditionnels, grossiers, observeront : « Il est bon de se rappeler que beaucoup sont dans le malheur et d'apprécier la chance que l'on a, en comparaison. »

Les écrits de Saadi comprennent des matériaux qui peuvent remplir plusieurs fonctions. C'est le cas de ce récit.

Dans les écoles soufies, ce texte est pris pour ce qu'il est : un exercice. L'élève peut tirer profit de l'interprétation conventionnelle, de la morale « édifiante ». Mais, par la pratique de l'observation de soi, sans introspection, il devrait pouvoir dire : « Je me rends compte que mes changements d'humeur sont commandés par les stimuli émotionnels. Vais-je continuer d'être dépendant, d'attendre de "voir un homme sans pieds", ou de lire quelque chose à ce sujet, pour prendre conscience du fait que "j'ai deux pieds" ? Je perds mon temps, je perds ma vie à attendre que quelqu'un me dise quoi faire, ou que quelque chose arrive qui change mon état et ma disposition d'esprit. »

Selon les soufis, l'être humain possède un sens intérieur et des aptitudes intérieures, qui sont des instruments d'apprentissage plus fiables que les stimuli émotionnels constants.

L'interprétation soufie de cette leçon n'atteindrait pas son but si elle incitait quiconque à s'adonner à une mise en question de soi de nature émotionnelle.

Si l'on signale l'usage que font les soufis de ce type de récit, c'est pour que l'élève en prenne bonne note, de façon qu'il puisse reconnaître une forme supérieure d'évaluation de sa situation, quand elle commence à opérer en lui.

Le sens

Un homme qui avait passé de nombreuses années à tenter de pénétrer les sens cachés alla voir un soufi pour lui parler de ses recherches.

« Va-t-en, et médite ceci : IHMN », dit le soufi.

L'homme s'en alla. Quand il revint, le soufi était mort.

« Jamais je ne connaîtrai la vérité ! » gémit le déchiffreur d'énigmes.

À ce moment, le chef des disciples se présenta à lui :

« Si c'est le sens caché de IHMN qui te tourmente, je vais te le révéler. Ce sont les initiales des quatre mots persans qui composent la phrase : "*In huruf maani nadarand.*" ("Ces lettres n'ont aucune signification").

— Mais pourquoi le maître m'a-t-il donné une tâche pareille !

— Quand un âne vient à toi, tu lui donnes des choux, puisque c'est sa nourriture préférée, quel que soit le nom par lequel il la désigne. L'âne occupé à dévorer ses choux pense sans doute se livrer à plus noble activité. »

La méthode

Un maître de la Voie expliqua un jour comment fut démasqué un prétendu soufi :

« Un vrai soufi envoya un de ses disciples servir chez l'imposteur. Jour et nuit, le disciple était aux petits soins pour lui. Ceux qui entouraient l'imposteur finirent par se rendre compte à quel point il prisait ces attentions, et l'abandonnèrent les uns après les autres, si bien qu'à la fin il se retrouva tout seul. »

Un de ceux qui avaient entendu le maître pensa :

« Quelle merveilleuse idée ! Je m'en vais faire exactement la même chose. »

Il se rendit en un lieu où vivait un faux mystique, le supplia de l'accepter comme disciple, le servit avec un dévouement sans pareil. Trois ans après, des centaines de fidèles se pressaient autour du charlatan.

« À voir avec quel dévouement, avec quelle abnégation ce disciple sert cet homme, il ne peut s'agir que d'un très saint homme ! » se disaient-ils entre eux.

Voyant cela, le "disciple" revint voir le soufi qui avait conté l'histoire de l'imposteur et lui expliqua ce qui était arrivé.

« On ne peut se fier à ce que tu rapportes, conclut-il.

J'ai essayé de mettre en pratique le principe dont tu nous avais montré le fonctionnement, et c'est l'inverse qui s'est produit…

— Hélas ! dit le maître, tu as tenté d'appliquer les méthodes soufies, c'est vrai, mais tu as oublié une chose, une seule : c'est que tu n'es pas un soufi. »

Abu Tahir

Mir Abu Tahir attirait de nombreux chercheurs intéressés par ses exposés éclairants et les épîtres qu'il faisait circuler, lesquelles étaient commentées favorablement par les grands penseurs de l'époque.

Mais quand les gens se rassemblaient pour l'entendre parler, ils ne pouvaient obtenir de lui que ces quelques mots :

« Le désir pour le mérite, non pour l'homme. »

Il répéta cette admonition plusieurs fois par jour cinq ans durant.

Quelqu'un alla voir le sage Ibriqi et lui demanda de l'aider à interpréter l'étrange conduite d'Abu Tahir.

Voici quelle fut la réponse d'Ibriqi :

« Tu te plains de ce que le mir dit régulièrement les mots que tu rapportes. Tu ne te plains pas de ce que, tous les jours sans exception, le soleil se lève et se couche. Pourtant, les deux choses sont analogues. Comme le soleil, le mir fait quelque chose de très utile. Si tu ne l'utilises pas, il doit continuer de "briller" dans l'intérêt de ceux qui *peuvent* en tirer profit, ou dans ton intérêt : pour le jour où tu *pourras* en tirer profit. »

Endiguement

Un derviche errant nous a laissé ce récit.

« J'avais fait la rencontre d'un maître soufi qui attirait à lui, comme un aimant, les gens les plus divers.

« "Comment peux-tu, lui dis-je, supporter la présence d'individus aussi odieux ? Ils n'ont pas été améliorés par ta proximité. D'ailleurs, ce ne sont pas tes vertus qui les ont attirés : de leur propre aveu, ils ne cherchent qu'une chose : acquérir des pouvoirs que les autres n'ont pas."

« Je n'oublierai jamais la réponse du maître :

« "Ami, si tous les serpents de la Terre allaient faire leur besogne meurtrière, et qu'il n'y ait personne pour en détourner quelques-uns de leur œuvre de mort en les entretenant dans de vains espoirs, il ne resterait plus un seul homme vivant." »

Le crible

Ô pédant! Ta vie durant, tu as passé au crible les dits et les écrits des sages. Mais je te le dis : tu as utilisé un crible qui laisse passer la menue paille et se débarrasse de l'élément nutritif — le froment.

(Shab-Parak)

Le Maître parfait

Un homme décida de chercher le Maître parfait.

Il lut de nombreux livres, alla voir les sages reconnus, écouta, discuta et pratiqua. Mais toujours il avait des doutes, et jamais de certitude.

Vingt ans il chercha le Maître.

Un jour enfin il rencontra un homme dont les paroles et les actes correspondaient à l'idée qu'il se faisait de l'homme totalement réalisé.

Le voyageur ne perdit pas de temps :

« Tu me sembles être le Maître parfait, dit-il d'emblée. Si tu l'es, mon voyage est terminé.

— C'est ce qu'on prétend que je suis, dit le Maître.

— Alors, je t'en supplie, accepte-moi comme disciple.

— Cela, dit le Maître, je ne peux pas le faire. Si toi, tu désires le Maître parfait, lui, pour sa part, ne peut accepter que l'Élève parfait. »

Donner et prendre

Le Chef prend moins qu'il ne reçoit
Et donne plus qu'il n'a pris.

(Kitab-i-Amu Daria — Le Livre de l'Amou Daria)

L'identité du renard

Il était une fois un renard.

Ce renard rencontre un jour dans les bois un jeune lapin. Celui-ci l'interroge :

« Qui es-tu ?

— Je suis un renard, répond le renard. Si je le voulais, je pourrais te manger.

— Un renard ! Peux-tu le prouver ? » demande le lapin.

Le renard ne sait que dire : d'habitude les lapins s'enfuient à son approche sans poser de questions.

« Si tu peux me montrer une pièce d'identité attestant que tu es un renard, alors je te croirai », dit le lapin.

Le renard file chez le lion, qui lui délivre un certificat attestant le fait qu'il est bien un renard.

De retour dans la clairière où l'attend le lapin, le renard commence à lire le document à haute voix. Il en trouve les termes si flatteurs qu'il prend son temps, savoure chaque paragraphe. Le lapin, qui a compris l'essentiel du message dès les premières phrases, court sans attendre la suite se réfugier dans un terrier.

Le renard s'en retourne à la tanière du lion. Une biche est là qui parle au fauve.

« Je demande à voir, dit-elle, une pièce d'identité attestant que tu es un lion…

— Si je n'ai pas faim, répond le lion, je ne vais pas me donner cette peine. Si j'ai faim, point n'est besoin pour toi de preuve écrite. »

Le renard se tourne vers le lion :

« Pourquoi ne m'as-tu pas dit d'agir comme tu le fais quand je suis venu chercher le certificat pour le lapin ?

— Mon cher ami, dit le lion, tu aurais dû préciser que le demandeur était un lapin. J'ai cru qu'il s'agissait d'un de ces stupides êtres humains, auprès desquels certains de ces idiots d'animaux ont appris à se livrer à ce passe-temps futile. »

Ne pas laisser passer sa chance

Les mots « tu as une chance » sur les lèvres de l'Autorité ont plus de valeur que le compliment cent fois répété de l'imbécile « il n'y a pas sur terre d'homme plus grand que toi ».

(Nuri Falaki)

Le prêt

Un homme raconte à ses amis à la maison de thé :

« J'ai prêté une pièce d'argent à untel, sans témoins. Maintenant j'ai peur qu'il nie avoir jamais reçu pareille somme. »

Les amis compatissent.

Un soufi, assis dans un coin, lève la tête de son genou :

« Invite-le ici et mentionne dans la conversation, devant ces gens, que tu lui as prêté vingt pièces d'or.

— Mais ce n'était qu'une pièce d'argent !

— C'est exactement ce qu'il criera, et chacun ici l'entendra. Tu voulais des témoins, non ? »

L'homme qui tissait la lumière

Ils demandèrent à Firmani :

« Comment savais-tu que cet homme est odieux, infréquentable ? Tu as refusé d'avoir avec lui une vraie conversation, le temps qu'il est resté parmi nous. Pourtant, beaucoup le considèrent comme un saint. »

Firmani leur dit :

« Supposez qu'un inconnu arrive parmi des gens ordinaires et proclame : "La lumière est le produit du tissage. C'est moi qui ai tissé toute la lumière du monde, passée et présente." Que vont penser ces gens ? »

Ils répondirent :

« Ces gens vont penser que ce qu'il dit est faux. »

Firmani leur dit :

« De même, quand un individu de mauvais aloi aborde un homme de connaissance, celui-ci peut juger son état, sans tenir compte de ce que l'on pense et dit de lui. »

Explication

Supposer qu'un homme de connaissance puisse s'expliquer complètement et clairement dans le temps qui lui est imparti par ceux qui désirent apprendre ce qu'il sait : si ce n'est pas une plaisanterie, c'est une absurdité.

(Shab-Parak)

Jour et nuit

Un intellectuel dit à un soufi :

« Vous soufis aimez à dire que nos questions logiques vous sont incompréhensibles. Pouvez-vous me donner un exemple de l'effet qu'elles vous font ? »

Le soufi répondit :

« Je voyageai par le train. Nous étions déjà passés par six tunnels. En face de moi était assis un paysan. À l'évidence, c'était la première fois qu'il prenait le train. Nous sortions d'un septième tunnel lorsqu'il me donna une petite tape sur le genou.

« "Ce train est trop compliqué ! me dit-il. À dos d'âne, il me faut une journée pour atteindre mon village. Alors, j'ai pris le train, et un train, ça va plus vite qu'un âne, apparemment. Pourtant, le soleil s'est levé et couché sept fois déjà, et nous ne sommes pas encore arrivés chez moi !" »

La Source d'Être

Laisse la Source d'Être maintenir le contact avec toi ; ne tiens pas compte des impressions et des opinions de ton moi familier. Si ce moi avait une quelconque valeur dans ta recherche, il aurait déjà trouvé pour toi. Tout ce qu'il sait faire, c'est dépendre d'autrui.

(Amin Suhrawardi)

Le tapis taché de vin

On raconte qu'un homme vint à l'assemblée du maître Baqi-Billah de Delhi et posa une question :

« J'ai lu le fameux couplet de Hafiz : "Si ton maître t'ordonne de tacher ton tapis de prière avec du vin, obéis-lui." J'ai du mal à comprendre… »

Baqi-Billah lui dit :

« Demeure éloigné de moi quelque temps et je t'aiderai à comprendre. »

Longtemps après, le disciple reçut une lettre du sage. Il lut : *Prends tout l'argent que tu as et donne-le au portier d'un bordel.*

Le disciple, abasourdi, pensa d'abord que le maître était un imposteur, puis, après quelques jours d'intense lutte intérieure, il se rendit à la maison de prostitution la plus proche et offrit au portier tout l'argent qu'il possédait.

« Pour une somme pareille, dit le portier, je vais t'attribuer un joyau de haut prix, la perle de notre collection : une jeune femme qu'aucun homme n'a encore touchée. »

Dès que le disciple fut entré dans la pièce où se trouvait la jeune femme, elle lui dit :

« On m'a amenée dans cette maison par la ruse ; on m'y retient par la force et les menaces. Si ton sens de la justice est plus fort que ce qui t'a fait venir ici, aide-moi à m'échapper. »

Alors le disciple saisit le sens du poème de Hafiz :

Si ton maître t'ordonne
De tacher ton tapis de prière
Avec du vin,
Obéis-lui.

Wahab Imri

Un homme alla voir Wahab Imri :

« Enseigne-moi l'humilité.

— Je ne peux pas, dit Wahab : c'est l'humilité qui enseigne l'humilité. On l'apprend en la pratiquant. Si tu ne peux pas la pratiquer, tu ne peux pas l'apprendre. Si tu ne peux pas l'apprendre, c'est qu'au-dedans de toi tu ne veux pas l'apprendre. »

Le gredin et le derviche

Un derviche résolut de procéder à une démonstration.

Il paya un comédien itinérant pour aller s'établir comme maître religieux dans une ville voisine. « Joue au grand saint, lui dit-il, rassemble autant de disciples que tu pourras. Puis je viendrai te démasquer, et les gens se rendront compte qu'ils ont été dupés ; quand je leur aurai montré sur quoi reposaient leurs croyances, et combien toute croyance est superficielle, ils seront prêts à recevoir mon enseignement. »

Quelques mois plus tard le derviche se rendit dans la ville où s'était installé son complice. Il le trouva entouré de disciples : ceux-ci étaient en adoration devant lui, le comblaient de cadeaux, le louaient pour le moindre de ses mots.

Le derviche s'adressa comme prévu aux ouailles du faux mystique :

« Mes amis, écoutez-bien : je suis venu tout vous expliquer. C'est moi qui ai envoyé cet homme ici, pour démontrer que les êtres humains peuvent croire n'importe quoi, pour peu qu'ils veuillent le croire. Quand j'en aurai fini, vous pourrez recevoir l'enseignement véritable… »

Le comédien ne dit mot. Ses disciples empoignèrent le derviche au collet et l'emmenèrent de force à la maison de fous où il fut interné.

Une nuit le comédien vint lui parler à travers les barreaux de la fenêtre de sa cellule :

« J'ai peut-être l'air d'un vagabond, mais j'ai été assez sage pour accepter ta proposition. Tu te prends sans doute pour un sage, mais tu as été assez stupide pour croire dans ton plan. Un plan malhonnête ne profite qu'aux malhonnêtes, un plan sage ne profite qu'aux sages. »

L'espoir

Il était une fois un roi, issu d'une longue et puissante lignée, qu'un sort contraire avait chassé du trône, et qui fuyait devant ses ennemis.

Il pleuvait. Le roi était trempé jusqu'aux os. Sur la lande déserte, il aperçut une cabane de bergers, décida de s'y reposer. Deux hommes se trouvaient là, enveloppés dans des couvertures. Ils lui firent bon accueil et partagèrent avec lui leurs maigres provisions : du fromage et des oignons.

Quand il eut mangé, le roi leur dit :

« Un jour, quand j'aurai recouvré la souveraineté, je paierai de retour votre hospitalité, mes amis, et royalement ! »

Or, si les deux bergers s'étaient montrés également généreux, ils n'étaient pas, loin de là, d'égale qualité.

Le premier ne manqua pas une occasion de se vanter d'être le meilleur des hommes. N'avait-il pas fait en ces circonstances ce que personne d'autre, même un noble, n'avait fait : convier le roi à sa table ?

Le second se dit, réflexion faite :

« Je me suis trouvé dans cette cabane par hasard, avec des provisions. Convier le roi à les partager, c'était la moindre des choses. Mais lui, avec une générosité vraiment royale, a préféré interpréter ces faits à notre avantage : il nous a attribué du mérite. À moi maintenant de m'inspirer de cet exemple, et de me rendre vraiment digne de sa noblesse d'âme. »

Deux ou trois ans plus tard, le roi reprit le pouvoir, qui lui revenait de droit, et fit appeler les bergers. Ils reçurent l'un et l'autre des présents somptueux et d'importantes fonctions leur furent assignées.

Le premier berger, n'ayant fait aucun effort pour s'améliorer et se préparer, se laissa entraîner dans une intrigue et fut mis à mort pour avoir comploté.

Le second berger, pour sa part, travailla si bien que, lorsque le roi eut atteint un grand âge, il fut désigné et accepté comme son héritier.

Vouloir

Si tu veux être avec le maître quand il veut te tenir à l'écart, tu dois lui obéir, fuir sa présence. Si tu discutes sa décision, c'est pire que désobéir.

(Halqavi)

L’archer

À Salimia vivait un homme expert dans l’art du tir à l’arc qui se plaignait de n’avoir personne avec qui rivaliser.

« Les Salimites ne sont pas des archers : ils ne peuvent apprécier mon excellence ! » répétait-il à qui voulait l’entendre.

Il finit par convaincre tout le monde de son infortune.

Un jour, un maître soufi, de passage à Salimia, s’arrêta à la maison de thé. On lui conta l’histoire de l’archer malheureux.

« Il pense qu’il est à plaindre, dit le sage, mais en réalité le Tout-Puissant s’est montré plus que bienveillant à son égard. S’il avait été entouré de tireurs à l’arc, il aurait vécu dans la crainte que quelqu’un ne l’emporte sur lui.

« S’il avait vraiment eu besoin de se mesurer à des adversaires de sa qualité, rien ne l’aurait empêché de les trouver.

« Jusqu’à ce que l’homme entende le message implicite et oublie le message exprimé, il restera enchaîné. »

Mahmoud et le derviche

On raconte que Mahmoud de Ghazna se promenait dans son jardin quand il trébucha sur un derviche aveugle endormi près d'un buisson.

Le derviche se réveilla.

« Espèce de balourd ! s'écria-t-il. N'as-tu point d'yeux pour piétiner ainsi tes frères humains ? »

Un courtisan accompagnait Mahmoud. Il cria au derviche :

« Ta cécité n'a d'égale que ta stupidité ! Puisque tu ne vois pas, tu devrais faire deux fois plus attention à qui tu parles avant de l'accuser d'inattention !

— Si tu veux dire par là, répliqua le derviche, que je ne devrais pas critiquer un sultan, c'est toi qui devrais prendre conscience de ta superficialité. »

Mahmoud était impressionné par le fait que l'aveugle ait su qu'il se trouvait en présence d'un roi.

Il lui dit avec douceur :

« Ô derviche ! Pourquoi un roi devrait-il écouter les invectives que tu profères contre lui ?

— Parce que c'est précisément le fait de protéger les gens, à quelque catégorie qu'ils appartiennent, contre une juste critique, qui provoque leur ruine.

C'est le métal poli qui brille de l'éclat le plus vif, le couteau affûté qui coupe le mieux, le bras exercé qui soulève le poids. »

Stades

Au début, je pensais qu'un maître voit et agit toujours juste.

Puis j'imaginai que mon maître faisait souvent fausse route.

Enfin, je compris ce qui est juste et ce qui est faux.

Ce qui est faux, c'est de rester au premier ou au deuxième stades.

Ce qui est juste, c'est de transmettre cela à tous.

(Ardabili)

Ce qui est dedans

Quand on demandait à un derviche bektashi, respecté pour sa piété et sa mine vertueuse, comment il était parvenu à un tel degré de sainteté, il répondait invariablement : « Je sais ce qui est dans le Coran. »

Il venait de faire une fois de plus cette réponse à quelqu'un qui l'avait interrogé dans un café, quand un imbécile demanda :

« Et alors, qu'est-ce qu'il y a dans le Coran ?

— Dans le Coran, dit le derviche, il y a deux fleurs pressées et une lettre de mon ami Abdullah. »

Sain et malsain

Un chercheur errant se confia à un derviche dans un caravansérail :

« Je suis allé de contrée en contrée, j'ai participé aux assemblées d'une multitude de maîtres. J'ai appris à reconnaître l'"ivraie" : je peux dire maintenant : untel n'est pas un maître spirituel. Par contre, je ne sais pas reconnaître le "bon grain" : je ne peux pas dire en toute certitude : cet homme est un guide authentique. Je ne sais pas non plus comment trouver le guide. Mais j'ai achevé la moitié du travail, c'est mieux que rien, n'est-ce pas ? »

Le derviche déchira ses vêtements.

« Malheureux ! dit-il. Devenir un spécialiste de l'inutile, c'est comme être capable de déceler les pommes pourries sans jamais apprendre à reconnaître les caractéristiques des pommes saines.

« Mais il peut t'arriver pire encore. Prends garde à ne pas ressembler au docteur de l'histoire.

« Un roi, désireux de s'assurer des aptitudes d'un médecin, lui envoya plusieurs individus en bonne santé pour qu'il les examine. À chacun le docteur administra un remède. Le roi le manda auprès de lui et l'accusa de tromperie. “Grand roi ! répondit le docteur, cela fait si longtemps que je n’ai pas vu un bien portant que j’ai fini par croire que tout le monde est malade, et que les yeux brillants de la bonne santé sont désormais pour moi le signe clinique de la fièvre.” »

Ragoût d'agneau

Bahaudin Shah donna un jour une conférence sur les principes et les pratiques des soufis. Un membre de l'auditoire, qui se croyait intelligent et pensait se trouver bien de le critiquer, remarqua :

« Si seulement cet homme disait quelque chose de neuf ! C'est la seule critique que j'ai à formuler. »

Bahaudin l'apprit et invita son censeur à dîner.

« J'espère que mon ragoût d'agneau te plaira », lui dit-il.

Dès la première bouchée, l'invité se leva d'un bond.

« Tu veux m'empoisonner ! cria-t-il. Ce n'est pas du ragoût d'agneau !

— C'en *est*, dit Bahaudin, mais, puisque tu n'aimes pas les vieilles recettes, j'en ai essayé une nouvelle. Il y a de l'agneau dans mon ragoût, c'est sûr, mais il y a aussi une bonne dose de moutarde, de miel et d'émétique. »

Critique

Isa Ibn Abdulwahab al-Hindi eut avec les gens, pendant des années, de longues et fréquentes conversations au cours desquelles il traita de tous les sujets imaginables.

Un jour un sheikh respecté vint lui rendre visite.

« J'ai le cœur gros, dit-il, car l'on rapporte que tu m'as critiqué sévèrement à maintes reprises.

— J'ai dit vingt fois qu'il y a des dissonances entre tes paroles et tes actes, répondit Isa al-Hindi. Peux-tu douter que ce soit vrai ?

— J'aimerais que tu me dises les raisons pour lesquelles tu me critiques.

— Tu les connaîtras dès que tu auras appris qu'à deux cents reprises je t'ai loué devant ces mêmes personnes qui, au nom de la véracité, cherchent maintenant en leur for intérieur à nous séparer. Rapporter la moitié d'une chose est pire que ne rien rapporter du tout. En rapporter un dixième, c'est de la falsification. »

Entendre

Un visiteur, venu d'un pays lointain, dit à Bahaudin Shah :

« Admets-moi dans ton assemblée, que je puisse entendre tes paroles : on a dit justement que lire ne remplace pas entendre.

— Tu viens trop tard, dit Bahaudin : je ne donne plus ni cours ni conférences. »

Le visiteur demanda pourquoi :

« Je n'ai plus jamais rien dit en public, expliqua Bahaudin, depuis le jour où un groupe de gens un peu sourds est venu me voir. Je leur avais dit : "Ne soyez pas comme le chien ou le porc..." Après qu'ils m'eurent quitté, ils se querellèrent, disputant de la question de savoir si j'avais dit "soyez un chien..." ou "mangez de la viande de porc" ou autre chose encore. Avec l'écrit, cela n'est pas possible. Si tu es aveugle, tu trouveras toujours quelqu'un pour te lire le texte. »

L'éléphant

Il était une fois un éléphanteau. Il entendit quelqu'un dire : « Regarde ! une souris ! » L'homme qui avait dit ça venait d'apercevoir une souris, mais notre éléphant crut qu'il parlait de lui.

Or les souris étaient extrêmement rares dans ce pays et, de toute façon, elles ne sortaient guère de leur trou, et n'avaient pas une voix très forte.

L'éléphanteau, follement heureux de sa découverte, tonitrua à la ronde : « Je suis une souris ! »

Il le dit tant et si fort, et à tant de gens, que, croyez-le ou non, il existe aujourd'hui un pays où tout le monde ou presque est persuadé que les éléphants, surtout les jeunes éléphants, sont des souris.

Il est vrai que, de temps à autre, des souris tentent de protester auprès de ceux qui adhèrent à la croyance majoritaire, mais ceux-ci les mettent toujours en fuite.

Si jamais quelqu'un, dans ce pays, veut rouvrir le débat sur les souris et les éléphants, il devra avoir une bonne raison pour le faire, des nerfs solides et les moyens efficaces de présenter ses arguments.

Table

Achevé d'imprimer en octobre 2002
sur les presses de la Nouvelle Imprimerie Laballery
58500 Clamecy
Dépôt légal : octobre 2002
Numéro d'impression : 210122

Imprimé en France